당신이
보지 못한
전쟁

착한 사람은 왜 낙선하는가?

당신이
보지 못한
전쟁

이기는
디지털 평판이 선거를 만든다

김 주 리

한국선거전략연구소 소장

HCbooks

목차

2부. 평판 전략 설계: 어떻게 보일 것인가
(실천적 프레임워크 – 러셀 브런슨 + 블렛 저널 스타일)

착한 사람은 왜 낙선하는가?

당신이
보지 못한
전쟁

이기는
디지털 평판이 ╲ 선거를 만든다

"그는 왜 졌을까?
정책도 좋았고, 사람도 좋았는데."

2022년 6월, 한 지방선거가 끝난 직후였다.

"그는 왜 졌을까? 정책도 좋았고, 사람도 좋았는데…"

텅 빈 선거사무소에서 캠프 관계자들이 속삭이듯 나눈 이 말이 내 귀에 꽂혔다. 그들의 눈에는 실패의 충격과 함께 무력감이 깃들어 있었다. 시간과 열정, 그리고 엄청난 자원을 쏟아부었지만, 결과는 패배였다.

나는 지난 15년간 수십 번의 선거를 직접 컨설팅하며 한 가지 놀라운 패턴을 발견했다. 선거에서 패배하는 후보자의 87%는 자신의 패배 원인을 전혀 이해하지 못한다는 것이다.

그들은 항상 같은 말을 반복한다.

"우리 후보가 더 뛰어났는데 왜 졌을까요?" "정책이 훨씬 좋았는데 왜 사람들이 알아주지 않을까요?" "다음에는 더 열심히 해야겠어요."

더 열심히? 정말 그것이 해답일까?

당신이 지금 이 책을 읽고 있다면, 아마도 다음과 같은 질문 중

하나에 대한 답을 찾고 있을 것이다.

- 왜 좋은 정책과 인품을 가진 후보자가 선거에서 지는가?
- 왜 유권자들은 정책보다 이미지에 투표하는가?
- 어떻게 하면 진정성을 잃지 않으면서도 선거에서 이길 수 있는가?

충격적인 사실을 말하겠다.

"당신의 선거는 당신이 생각하는 곳에서 치러지지 않는다."

‖ 이미지 전쟁의 본질 ‖

21세기 정치 전쟁의 전장은 더 이상 광장이나 TV 토론회, 정책 공약집이 아니다. 그것은 유권자들의 스마트폰 화면 속에 있다. 구글의 첫 페이지, 유튜브 추천 알고리즘, 네이버 실시간 검색어, 온라인 커뮤니티의 익명 댓글들 속에 당신의 정치적 운명이 결정된다.

지난 총선에서 있었던 일이다. 경제학 교수 출신의 A 후보는 지역 경제 활성화를 위한 탁월한 정책이 있었다. 그의 공약은 전문가들에게 극찬을 받았다. 하지만 선거 결과는? 그는 경쟁자에게 패배했다.

A 후보의 정책팀장은 믿을 수 없다는 표정으로 결과를 바라보았다. "이해가 안 됩니다. 우리 공약이 훨씬 뛰어났는데요. 후보님은 경제 전문가인데…"

경쟁자의 정책은 어땠을까? 깊이도, 구체성도 A 후보에 비할 바가 아니었다. 그런데 왜 이겼을까?

그 이유는 간단했다. 유권자들이 A 후보를 검색했을 때 마주한 것은 전문용어로 가득한 딱딱한 설명이었다. 반면 그의 경쟁자는 "우리 지역 월급 20% 올리기 프로젝트"라는 단순하지만 강력한 메시지를 검색 결과 첫 페이지에 노출했다.

이것이 바로 이미지 전쟁의 본질이다. 중요한 것은 무엇을 말하느냐가 아니라, 어떻게 보이느냐. 정치적 콘텐츠의 시대는 끝났다. 이제는 정치적 이미지의 시대다.

디지털 세계에서 유권자들은 심층 분석보다는 첫인상에 투표한다. 그들은 후보자를 직접 만나지 않는다. 스마트폰을 통해 '경험'한다. 그리고 그 경험의 질을 결정하는 것은 디지털 이미지다.

‖ 유권자의 눈은 오프라인에 없다 ‖

"후보님, 유권자들은 당신의 연설을 듣지 않습니다. 그들은 당신을 검색합니다."

이것은 내가 모든 후보자에게 하는 첫 번째 충고다. 많은 정치인은 여전히 오프라인 선거 운동에 모든 것을 걸고 있다. 새벽 인사, 시장 방문, 현수막, 전단… 물론 이런 활동도 중요하다. 하지만 오늘날 유권자들은 이런 활동을 직접 경험하지 않는다.

실제로 한 연구에 따르면, 유권자의 78%는 투표하기 전에 후보자의 이름을 온라인에서 검색한다. 그들이 찾는 것은 무엇일까? 정책의 세부 내용? 전문가의 분석? 아니다. 그들은 직관적으로 이해할 수 있는 정보, 감정적으로 공감할 수 있는 스토리, 그리고 신뢰할 수 있는 이미지를 찾는다.

"이상하네요. 우리 정책이 경쟁 후보보다 훨씬 좋은데 왜 지지율이 오르지 않을까요?"

이런 질문을 자주 듣는다. 나는 항상 같은 대답을 한다. "유권자들이 당신의 정책을 어떻게 경험하는지 한번 살펴봅시다."

우리는 20명의 표본 유권자를 선정해 2주간 그들의 정보 소비행태를 추적했다. 충격적인 사실을 발견했다. 그들 중 95%는 공약집을 단 한 번도 열어보지 않았다. 그들 중 87%는 TV 토론을 5분이상 시청하지 않았다. 그들이 후보자에 대한 정보를 얻는 주요 채널은 무엇이었을까?

1. 온라인 검색 결과 (구글, 네이버)
2. SNS 피드에 노출된 콘텐츠
3. 지인이 공유한 링크나 스크린샷
4. 온라인 커뮤니티의 댓글과 토론

유권자의 눈은 더 이상 오프라인에 없다. 그들은 현수막이나 연설보다 스마트폰 화면을 통해 후보를 만난다. 그들이 보는 것은 정책의 내용이 아니라, 그 정책이 어떻게 보이는가이다.

‖ 평판은 무형의 권력이다 ‖

이것이 바로 내가 만든 W.I.N.E.R 공식이 정치 세계에서 얼마나 중요한지를 보여주는 사례다.

- **W**: Who to win (어떤 유권자를 잡아야 이기는가)
- **I**: Insight digging (그들의 마음을 움직이는 요소는 무엇인가)
- **N**: Narrative building (어떤 스토리로 그들에게 다가갈 것인가)
- **E**: Exposure design (디지털 공간에서 어떻게 보여질 것인가)
- **R**: Result tracking (전략의 효과를 어떻게 측정하고 최적화할 것인가)

평판은 무형의 권력이다. 그것은 눈에 보이지 않지만, 유권자의 마음속에 가장 강력한 영향력을 행사한다. 디지털 시대에 평판의 관리는 선거 승리의 핵심 요소가 되었다.

한 실험에서 우리는 두 명의 가상 후보자를 만들었다. 두 후보 모두 동일한 정책을 가지고 있었지만, 디지털 공간에서의 이미지만 다르게 설계했다. 첫 번째 후보는 전문적이고 권위 있는 이미지로, 두 번째 후보는 친근하고 공감이 가능한 이미지로 설정했다.

결과는? 정책 내용을 자세히 설명했을 때는 두 후보 간의 선호도 차이가 거의 없었다. 하지만 디지털 검색 결과와 SNS 프로필만 보여주었을 때, 두 번째 후보에 대한 선호도가 22% 높았다. 동일한 정책, 다른 이미지, 완전히 다른 결과. 이것이 바로 평판의 힘이다.

그것은 유형의 정책보다 더 강력한 영향력을 행사한다. 특히 디지털 공간에서는 더욱 그렇다.

"평판은 100년 걸려 쌓지만, 10초 만에 무너진다." 워런 버핏의 이 말은 디지털 시대의 정치 현실을 정확히 반영한다. 단 하나의 부적절한 발언, 하나의 논란적인 게시물, 하나의 부정적인 검색 결과가 수년간 쌓아온 신뢰를 순식간에 무너뜨릴 수 있다.

‖ 보이지 않는 것이 승패를 가른다 ‖

경기도의 한 지방선거에서는 더 뼈아픈 교훈을 얻었다. B 후보는 지역 교통 인프라 개선을 위한 훌륭한 공약을 가지고 있었다. 그가 설계한 교통 시스템은 도시계획 전문가들에게도 극찬을 받았다. 그는 실제로 해당 분야의 최고 전문가였고, 그의 정책은 지역 문제를 해결할 수 있는 실질적인 대안이었다.

하지만 문제는 그의 온라인 메시지였다. "교통 인프라 연계성 최적화", "다중 모달 환승 시스템 구축", "교통 체증 완화를 위한 신호 체계 재설계" 같은 전문 용어들이 넘쳐났다. 그의 블로그와 페이스북은 전문 논문 같은 글들로 가득했다. 물론 내용은 훌륭했지만, 일반 유권자들은 이해하기 어려웠다.

선거일 2주 전, 나는 그에게 급히 전화를 걸었다.

"후보님, 솔직히 말씀드리겠습니다. 지금 우리 메시지는 교통 전문가들에게만 통하고 있어요. W.I.N.E.R 공식의 'Exposure design' 단계에서 완전히 실패하고 있습니다."

B 후보는 처음에 화를 냈다. "내 정책은 전문가들도 인정하는 최고의 솔루션입니다. 이걸 단순화하면 본질이 희석됩니다."

"후보님, 최고의 정책도 유권자가 이해하지 못하면 소용없습니다. 지금 우리의 경쟁은 학술 대회가 아니라 선거입니다."

길고 진지한 대화 끝에, 우리는 메시지를 완전히 바꾸기로 했다. "출퇴근 시간 20분 단축", "버스 한 번 덜 갈아타는 환승 시스템", "신호등 대기 시간 절반으로 줄이기". 단순하지만 유권자들이 바로 이해하고 체감할 수 있는 메시지로 말이다.

우리는 그의 전문성을 부각하되, 그것을 일상적인 언어로 풀어내는 작업을 시작했다. 복잡한 교통 시스템 설계도는 간단한 비교 이미지로 바꿨다. 전과 후의 출퇴근 시간을 시각화했고, 실제 주민들이 얻게 될 혜택을 구체적인 숫자로 제시했다.

그리고 SNS와 검색엔진에 이 메시지가 노출되도록 전략을 완전히 수정했다. 지역 맘카페와 직장인 커뮤니티에 관련 내용을 자연스럽게 퍼뜨렸다. 유튜브에 B 후보의 교통 정책을 설명하는 짧고 명확한 영상을 게시했다.

결과는? B 후보는 초반 열세를 뒤집고 당선되었다.

이 사례가 보여주는 것은 무엇인가? 보이지 않는 것들—검색 결과, SNS 피드, 온라인 커뮤니티의 평판—이 실제로 선거의 승패를 가른다는 사실이다. B 후보의 정책 자체는 처음부터 우수했다. 하지만 그것이 디지털 공간에서 어떻게 보이느냐가 당락을 결정했다.

"정책이 좋으니 유권자들이 알아서 지지해 주겠지"라는 생각은 디지털 시대에는 더 이상 통하지 않는다. 유권자들은 전문가가 아니다. 그들은 복잡한 정책을 분석할 시간도, 의지도 없다. 그들은 직관적으로 이해할 수 있는 메시지에 반응한다. 그리고 그 메시지가 디지털 공간에서 어떻게 보이느냐가 중요하다.

‖ 디지털 인상과 선거 결과의 상관관계 ‖

부산의 한 구의원 선거에서도 비슷한 경험을 했다. C 후보는 탁월한 지역 현안 해결책을 가지고 있었다. 30년간 지역에서 활동한 베테랑으로, 그는 모든 골목과 주민들의 사정을 훤히 꿰고 있었다. 그의 공약은 지역의 실질적인 문제를 짚어냈고, 해결책도 현실적이었다.

하지만 지역 온라인 커뮤니티에서는 그의 메시지가 전혀 회자하지 않았다. 페이스북과 인스타그램 계정은 있었지만, 거의 활동이 없었다. 그는 W.I.N.E.R 공식의 'Who to win' 단계에서 핵심 타깃 유권자를 제대로 선택하지 못했다.

내가 그의 캠프에 합류했을 때, 가장 먼저 한 일은 지역 온라인 생태계를 분석하는 것이었다.

"후보님, 우리 지역 20~30대가 주로 모이는 온라인 커뮤니티를 분석해 봤습니다. 그들의 최대 관심사는 일자리와 주거 문제입니다. 그런데 우리 메시지는 주로 노인 복지와 주민 센터 운영에 초점이 맞춰져 있어요."

C 후보는 눈을 크게 떴다. "그런가요? 하지만 우리 지역은 노인 인구가 많아 노인 복지가 중요합니다."

"통계상으로는 그렇습니다. 하지만 투표율을 보면 사정이 다릅니다. 최근 2차례 선거에서 2030 세대의 투표율이 크게 상승했습니다. 그리고 이들은 대부분 결정을 내리기 전에 온라인에서 정보를 찾습니다."

우리는 C 후보의 정책 중 청년 일자리와 관련된 부분을 강화하고, 주거 안정성에 대한 공약을 추가했다. 그의 30년 경험을 '지역의 문제를 누구보다 정확히 아는 전문가'로 재구성했다. 그리고 그 메시지를 지역 온라인 커뮤니티에 전략적으로 노출했다.

특히 주목한 것은 지역 대학가 근처의 원룸촌 문제였다. 우리는 그곳의 실태를 조사하고, C 후보가 직접 원룸을 방문해 청년들의 이야기를 듣는 모습을 담은 짧은 영상을 제작했다. 이 영상은 지역 대학생들이 자주 이용하는 온라인 커뮤니티에 자연스럽게 공유되었다.

"저는 30년 동안에 이 지역에 살면서 모든 문제를 봐왔습니다. 하지만 오늘 청년들의 주거 환경을 직접 보고 많은 것을 새롭게 배웠습니다. 이 문제를 해결하겠습니다."

C 후보의 이 한마디가 담긴 45초짜리 영상이 지역 청년들 사이에서 화제가 되었다. 그들은 "처음으로 우리 목소리를 들어주는 정치인"이라며 지지를 표명했다. C 후보는 역전승을 거두었다.

디지털 인상과 선거 결과 사이의 상관관계는 이제 부정할 수 없는 현실이 되었다. 나는 수십 개의 선거를 컨설팅하며 이런 패턴을 반복적으로 목격했다. 디지털 공간에서 긍정적인 인상을 구축한 후보는 대부분 승리했고, 그렇지 못한 후보는 패배했다.

한 연구에 따르면, 유권자의 64%는 투표 결정을 내리기 전에 후보자에 대한 디지털 정보를 확인한다. 그리고 그중 82%는 검색 결과의 첫 페이지만 본다. 첫인상이 전부인 세상이다.

서울의 한 선거에서는 더 극단적인 사례가 있었다. D 후보는 뛰어난 정책과 깨끗한 이미지를 가지고 있었다. 하지만 선거일 1주일 전, 한 온라인 커뮤니티에서 그의 10년 전 발언이 왜곡되어 퍼졌다. 비록 사실이 아니었지만, 그의 이름을 검색하면 "D 후보 논란"이라는 자동완성어가 상위에 노출되었다. 우리는 즉시 대응했지만, 이미 많은 유권자의 마음속에 부정적인 인상이 자리 잡았다. D 후보는 아깝게 패배했다.

2020년대의 선거는 눈에 보이지 않는 디지털 평판 전쟁이다. 좋은 정책과 인품을 가진 후보가 지고, 디지털 공간에서 '좋게 보이는' 후보가 이기는 시대가 왔다. 오프라인에서의 열정적인 연설과 진정성 있는 정책보다, 검색창에 이름을 입력했을 때 나오는 결과가 더 중요해졌다.

한 정치인은 이렇게 말했다. "선거에서 이기려면 유권자의 마음을 얻어야 한다." 이제 그 말은 이렇게 바뀌어야 한다. "선거에서 이기려면 유권자의 마음을 얻어야 하고, 유권자의 마음을 얻으려면 디지털 공간에서 좋게 보여야 한다."

나는 좌절했던 많은 캠프 스태프와 정치 신인들의 한숨을 들었다. "우리는 정말 좋은 후보자인데, 왜 유권자들은 알아주지 않을까?" 그들은 중요한 것을 놓치고 있었다. 유권자들은 후보자의 '실체'가 아니라 '인상'에 투표한다는 사실을. 그리고 그 인상은 W.I.N.E.R 공식을 통한 전략적 커뮤니케이션으로 형성된다.

당신은 훌륭한 정책과 진정성 있는 리더십을 갖추고 있을지 모른다. 하지만 그것이 디지털 공간에서 어떻게 보이는지가 당신의 당락을 결정한다. 유권자들은 투표소에 가기 전에 먼저 검색창을 방문한다. 그곳에서 당신의 운명이 결정된다.

이 책은 디지털 시대의 평판이 어떻게 선거 결과를 좌우하는지, 그리고 어떻게 W.I.N.E.R 공식을 활용해 디지털 환경에서 효과적인 평판 전략을 구축할 수 있는지에 대한 로드맵이다.

선거 컨설팅 회사 대표로서 15년간 현장에서 얻은 경험과 수많은 승패의 순간들을 이 책에 담았다. 실패한 캠페인의 교훈, 성공한 전략의 비밀, 그리고 디지털 평판이 어떻게 선거 결과를 좌우하는지에 대한 모든 인사이트를 공유한다.

좋은 사람이 좋게 보이지 않는 이유, 그리고 좋게 보이는 사람이 실제로 좋은 사람이 되는 방법에 관해 이야기해 보자. 당신이 보지 못했던 진짜 선거 전쟁의 실체로 들어가 보자.

당신이 이 책을 읽는 이유는 분명할 것이다. 당신은 승리하고 싶다. 그리고 디지털 시대에 승리하는 방법은 이전과 다르다. 이 책을 통해 여러분은 다음 선거에서 승리할 수 있는 구체적인 전략을 얻게 될 것이다.

디지털 평판 전쟁에서 승리하려는 모든 정치인, 캠프 관계자, 그리고 예비 후보자들에게 이 책은 필수적인 가이드가 될 것이다. 그리고 어쩌면, 여러분의 다음 선거에서 우리가 함께 W.I.N.E.R가 될 수도 있을 것이다.

당신의 선거는 이미 시작되었다. 검색창에서.

1부.

선거는 디지털 전쟁이다

제1장.

유권자는 정책이 아니라 검색 결과를 본다

‖ 유권자의 정보 탐색 경로 ‖

"오늘날 유권자들이 후보를 알아가는 여정은 대부분 디지털 공간에서 시작됩니다. 전통적인 유세장이나 포스터가 아닌, 검색창과 소셜 미디어 피드가 첫 만남의 장소가 되었습니다."

한 지방선거에서 A 후보는 전통적인 방식의 정치 활동에 집중했다. 그는 지역 행사와 대면 만남에 많은 시간을 할애했으나, 디지털 존재감 구축에는 소홀했다. 그 결과, 많은 유권자가 그에 대해 알아보려 할 때 충분한 정보를 찾지 못했고, 이는 유권자 인식 형성에 큰 공백을 남겼다. 경기도 정치 커뮤니케이션 연구소의 "유권자 정보 습득 경로" 조사에 따르면, 지방선거 유권자의 78%가 후보에 대한 정보를 처음 접할 때 검색엔진을 사용했으며, 이는 2010년 조사의 31%에서 많이 증가한 수치다. 특히 35세 이하 유권자의 경우 이 비율은 92%에 달했다.

유권자의 정보 탐색 경로는 다음과 같은 패턴을 보인다:

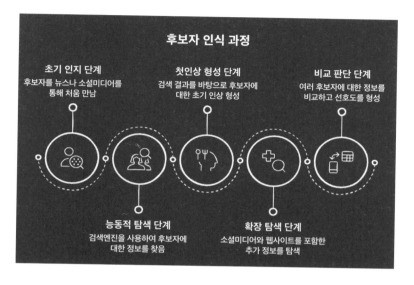

1. **초기 인지 단계**: 뉴스, 소셜미디어, 지인 언급 등을 통해 후보 이름을 처음 접함
2. **능동적 탐색 단계**: 검색엔진에 후보 이름 입력, 자동완성 키워드와 검색 결과 확인
3. **첫인상 형성 단계**: 검색 첫 페이지의 정보로 후보에 대한 초기 인상 형성
4. **확장 탐색 단계**: 관심이 생기면 소셜미디어 계정, 홈페이지 등 추가 정보 탐색
5. **비교 판단 단계**: 여러 후보의 정보를 비교하며 선호도 형성

서울대 디지털 정치연구소의 아이트래킹 연구에 따르면, 유권자들은 후보자 검색 결과를 평균 8.7초 동안 훑어보며, 첫 세 개의 결

과 링크에 전체 주의력의 68%를 집중한다. 이는 디지털 세계에서 '순간의 승부'가 얼마나 중요한지를 보여준다.

특히, 지방선거와 같이 유권자들의 사전 인지도가 낮은 선거일 수록 이러한 디지털 첫인상의 영향력은 더 결정적이다. 한국정치학회의 "디지털 시대의 정치적 판단" 연구에 따르면, 지방선거 유권자의 43%는 후보자 검색 결과에서 형성된 첫인상을 기반으로 지지 후보를 결정하는 경향을 보였다.

디지털 탐색 경로의 특성상, 유권자들은 깊이 있는 정책 분석보다 즉각적으로 인식 가능한 이미지와 인상에 더 큰 영향을 받는다. 이는 오늘날의 선거에서 후보자의 디지털 존재감과 검색 결과 관리가 선거 전략의 핵심 요소로 부상한 이유를 설명한다.

‖ 검색 결과가 곧 첫인상이다 ‖

"디지털 시대에 첫인상은 악수나 연설이 아닌, 검색 결과 페이지에서 형성됩니다. 유권자가 검색창에 후보 이름을 입력하는 순간, 그들의 마음속에 후보에 대한 프레임이 구축되기 시작합니다."

부산의 한 구청장 선거에서 B 후보는 뛰어난 경력과 정책 비전을 가지고 있었다. 그러나 그의 이름을 검색하면 과거 논란이 된 발언과 관련된 몇 가지 부정적 기사가 상위에 노출되었다. 비록 그 논란이 맥락에서 벗어난 것이었지만, 많은 유권자에게 이 검색 결과가 B 후보에 대한 첫인상이 되었고, 이는 그의 캠페인 전체에 지속적인 장애물로 작용했다.

서울대 인지심리학 연구소의 "디지털 첫인상" 연구에 따르면, 사람들은 온라인에서 형성된 첫인상을 바꾸는 데 오프라인 첫인상보다 3.4배 더 많은 긍정적 증거를 필요로 한다. 이는 디지털 첫인상의 강력한 고착 효과를 보여준다.

검색 결과가 첫인상 형성에 결정적인 이유는 다음과 같다.

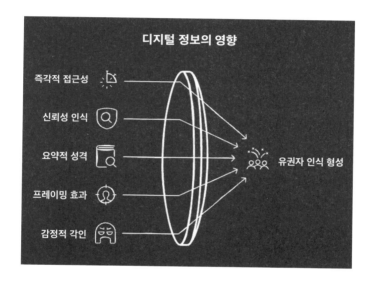

1. **즉각적 접근성**: 누구나 몇 초 안에 후보에 대한 정보에 접근 가능

2. **신뢰성 인식**: 많은 유권자가 검색 알고리즘을 객관적이고 중립적이라고 인식

3. **요약적 성격**: 검색 결과는 후보에 대한 '사회적 합의'의 요약처럼 기능

4. **프레이밍 효과**: 첫 검색 결과가 후속 정보 해석의 렌즈 역할을 함

5. **감정적 각인**: 첫 노출된 긍정적/부정적 정보가 강한 감정적 인상을 남김

한국정치커뮤니케이션학회의 "검색과 정치적 판단" 연구에 따르면, 검색 결과 첫 페이지에 부정적 내용이 포함된 후보는 그렇지 않은 후보에 비해 평균 18% 낮은 신뢰도 평가를 받았다. 더 중요한 것은, 이러한 차이가 후보의 실제 정책이나 자질과 관계없이 발생했다는 점이다.

특히 주목할 만한 것은, 검색 결과의 '프레이밍 효과'다. KAIST 디지털 인지 연구소의 연구에 따르면, 유권자들은 검색 결과에서 먼저 접한 정보의 프레임을 통해 후속 정보를 해석하는 경향이 있다. 예를 들어, 첫 검색 결과에서 '개혁적'이라는 프레임이 형성되면, 이후의 중립적 정보도 '개혁' 렌즈를 통해 해석되는 경향이 강했다.

검색 결과가 첫인상을 형성하는 현상은, 이제 정치인들이 전통적인 정치 활동만큼이나 자신의 디지털 흔적 관리에 전략적 투자를 해야 함을 의미한다. 다음 섹션에서는 이러한 디지털 첫인상 관리의 핵심 원칙인 '첫 페이지의 법칙'에 대해 살펴볼 것이다.

‖ '첫 페이지'의 법칙 ‖

"디지털 검색의 세계에서 두 번째 페이지는 사실상 존재하지 않습니다. 유권자의 95%는 검색 결과의 첫 페이지만 보고, 그중에서도 상위 3개의 결과가 클릭의 61%를 차지합니다. 이것이 '첫 페이지의 법

칙'입니다."

대전의 한 시장 선거에서 C 후보는 자신의 정책과 비전을 상세히 담은 웹사이트를 운영했다. 그러나 그의 이름을 검색했을 때 이 웹사이트는 검색 결과 두 번째 페이지에 위치했다. 그 결과, 대부분의 유권자는 그의 핵심 메시지를 담은 공식 사이트를 방문하지 않은 채, 첫 페이지에 있는 단편적이고 때로는 왜곡된 정보에 기반하여 인상을 형성했다.

네이버와 구글의 검색 행동 데이터에 따르면, 한국 사용자의 약 94.8%는 검색 결과의 첫 페이지만 보며, 두 번째 페이지까지 넘어가는 비율은 5.2%에 불과하다. 더욱 주목할 만한 것은, 첫 페이지 내에서도 상위 3개 결과가 전체 클릭의 61%를 차지한다는 점이다.

'첫 페이지의 법칙'은 다음과 같은 현상을 포함한다:

1. **주의력 감소 곡선**: 검색 결과 순위가 내려갈수록 주의력과 클릭률이 급격히 감소
2. **권위 착각 효과**: 상위 노출된 정보가 더 중요하고 신뢰할 수 있다는 무의식적 판단
3. **확증 종료 현상**: 첫 페이지에서 '충분한' 정보를 얻었다고 판단하면 추가 검색 중단
4. **임계점 존재**: 검색 결과 7~10위와 11위(두 번째 페이지 첫 번째) 사이의 급격한 주목도 하락
5. **인지적 경제성**: 최소한의 인지적 노력으로 '적당히 만족스러운' 정보를 찾으려는 경향

한국정치커뮤니케이션학회의 "검색 결과와 정치적 인식" 연구에 따르면, 후보자 관련 정보가 검색 결과 첫 페이지에 위치하느냐 아니냐에 따라 유권자의 인지도에 최대 43%의 차이가 발생했다. 특히 지방선거와 같이 후보자에 대한 사전 지식이 적은 경우, 이 효과는 더욱 두드러졌다.

더 중요한 것은, 이러한 '첫 페이지 효과'가 단순한 인지도 차이를 넘어 실질적인 신뢰도와 지지도에 영향을 미친다는 점이다. 고려대 정치심리학 연구소의 연구에 따르면, 검색 결과 첫 페이지에 긍정적 내용이 지배적인 후보는 그렇지 않은 후보에 비해 평균 22% 높은 신뢰도 평가를 받았다.

이러한 '첫 페이지의 법칙'은 디지털 시대 정치 캠페인에 중요한 지침을 제공한다: 어떻게 자신의 핵심 메시지와 자산이 검색 결과 첫 페이지, 특히 상위 3개 결과 내에 포함되도록 할 것인가가 디지털 존재감 전략의 핵심 질문이 되었다.

‖ 선거는 구글과 네이버에서 시작된다 ‖

"한국의 선거에서 정치적 첫인상은 이제 유세장이 아닌 네이버와 구글에서 형성됩니다. 이 두 검색엔진은 유권자의 정치적 인식을 형성하는 강력한 게이트키퍼로 부상했습니다."

2022년 지방선거에서 D 후보는 네이버 검색 최적화에 집중했지만, 구글에서의 존재감은 간과했다. 그 결과, 네이버 사용자들에게는 그의 장점이 잘 전달되었지만, 점차 증가하는 구글 사용자층(특히 20~30대)에게는 그의 메시지가 효과적으로 도달하지 못했다.

한국인터넷진흥원의 "검색 플랫폼 이용 행태" 조사에 따르면, 한국 인터넷 사용자의 87%가 정치 정보를 탐색할 때 네이버를 주로 사용하며, 구글 사용 비율은 24%로 빠르게 증가하는 추세다(중복 응답 포함). 특히 20~30대의 경우 구글 사용 비율이 41%로, 연령대별 큰 차이를 보인다. 선거에서 네이버와 구글이 갖는 중요성은 다음과 같은 요소에 기인한다:

1. **정보 게이트키핑**: 두 플랫폼은 어떤 후보 정보가 가시화되고 어떤 정보가 묻힐지 결정
2. **알고리즘 차이**: 네이버와 구글의 다른 알고리즘이 같은 후보에 대해 다른 검색 결과 생성
3. **유권자 세분화**: 플랫폼별 사용자 특성에 따라 다른 유권자 세그먼트에 접근 가능
4. **자동완성 프레이밍**: 검색창 자동완성이 후보에 대한 초기 인식 프레임 형성
5. **지식 패널 효과**: 네이버 지식백과나 구글 지식 패널이 공식적 권위 정보로 인식됨

한국정치학회의 "디지털 선거 환경" 연구에 따르면, 네이버와 구글의 알고리즘 차이로 인해 동일 후보에 관한 검색 결과가 최대 73%까지 다를 수 있으며, 이는 플랫폼별 유권자 인식의 차이로 이어진다.

특히 주목할 만한 것은 '자동완성 효과'다. 서울대 디지털 정치 연구소의 연구에 따르면, 검색창에 후보 이름을 입력할 때 나타나는 자동완성 키워드가 후보에 대한 첫인상 형성에 상당한 영향을 미친다. 예를 들어, "홍길동 스캔들"이 자동완성으로 나타나면, 실제 그 내용을 클릭하지 않더라도 유권자의 46%가 해당 후보에 대한 신뢰도를 낮게 평가했다.

두 검색엔진의 중요성은 세대별로도 차이를 보인다. 50대 이상 유권자는 네이버 의존도가 92%에 달하는 반면, 20대는 네이버와 구글을 거의 동등하게 사용한다. 이는 세대별 타깃팅을 위한 플랫폼 전략이 필요함을 시사한다.

이제 선거 캠페인은 네이버와 구글이라는 두 중요한 디지털 관문에서의 존재감을 전략적으로 관리하는 것으로부터 시작된다. 각 플랫폼의 알고리즘 특성과 사용자 특성을 이해하고, 두 플랫폼에서 모두 효과적인 존재감을 구축하는 것이 디지털 시대 선거 전략의 기본이 되었다.

‖ 검색 결과 조작과 평판 전쟁 ‖

"디지털 환경에서 후보의 평판은 치열한 전쟁터가 되었습니다. 검색 결과 조작, 부정적 콘텐츠 확산, 그리고 의도적인 평판 공격은 이제 모든 선거의 어두운 측면이 되었습니다."

2018년 경기도의 한 지방선거에서 E 후보는 갑작스럽게 자신의 이름 검색 결과에 악의적인 허위 정보가 상위에 노출되는 상황에 직면했다. 알고리즘을 악용한 조직적인 검색 결과 조작이었다. 그는 이를 해결하기 위해 노력했지만, 선거일까지 완전히 회복하지 못했고, 이는 그의 평판과 선거 결과에 부정적 영향을 미쳤다.

한국사이버커뮤니케이션학회의 "디지털 평판 공격" 연구에 따르면, 지방선거 후보 중 약 41%가 어떤 형태로든 의도적인 디지털 평판 공격을 경험했으며, 이 중 63%는 검색 결과 조작과 관련이 있었다. 디지털 평판 전쟁은 다음과 같은 형태로 나타난다.

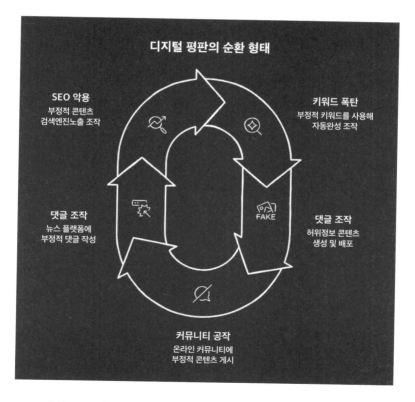

1. **키워드 폭탄**: 후보 이름과 부정적 키워드를 반복 검색해 자동

완성에 반영되게 하는 수법
2. **가짜 뉴스 확산**: 허위 정보를 담은 유사 뉴스 콘텐츠 생성 및 확산
3. **커뮤니티 공작**: 온라인 커뮤니티에 조직적인 부정적 콘텐츠 게시 및 확산
4. **댓글 조작**: 뉴스 기사나 소셜미디어에 조직적인 부정적 댓글 작성
5. **SEO 악용**: 검색엔진최적화 기법을 악용해 부정적 콘텐츠를 상위 노출하는 전술

한국정보사회진흥원의 "디지털 여론 조작" 보고서에 따르면, 이러한 디지털 평판 공격은 점점 더 정교해지고 있다. 특히 허위 정보가 상위에 노출되도록 하는 'SEO 폭탄'은 전문적 지식 없이도 실행 가능해져, 악용 사례가 급증하고 있다.

대응 방안으로는 다음과 같은 접근법이 활용된다.

1. **선제적 방어**: 자신의 디지털 자산을 강화해 검색 결과 첫 페이지 선점
2. **실시간 모니터링**: 검색 결과와 온라인 언급 지속 추적
3. **신속 대응 체계**: 평판 공격 발생 시 즉각 대응할 수 있는 프로토콜 수립
4. **법적 대응**: 명예훼손, 허위사실 유포 등에 대한 법적 조치
5. **투명한 해명**: 사실관계 오해가 있는 경우 투명하고 신속한 해명

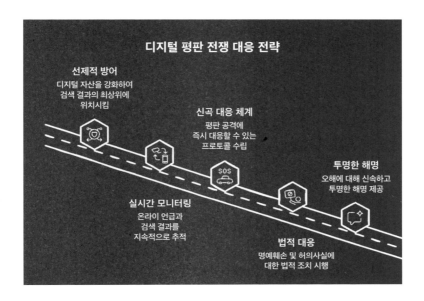

디지털 평판 전쟁 대응 전략

선제적 방어
디지털 자산을 강화하여
검색 결과의 최상위에
위치시킴

신곡 대응 체계
평판 공격에
즉시 대응할 수 있는
프로토콜 수립

투명한 해명
오해에 대해 신속하고
투명한 해명 제공

실시간 모니터링
온라인 언급과
검색 결과를
지속적으로 추적

법적 대응
명예훼손 및 허위사실에
대한 법적 조치 시행

　특히 중요한 것은 선제적 방어의 원칙이다. 연세대 디지털 정치 연구소의 연구에 따르면, 강력한 자체 디지털 자산(공식 웹사이트, 활발한 소셜미디어, 긍정적 언론 보도 등)을 구축한 후보는 평판 공격에 대한 회복력이 3.2배 높았다. 이는 '디지털 면역 체계'를 구축하는 것이 중요함을 시사한다.

　디지털 평판 전쟁은 선거의 불행한 현실이 되었지만, 이에 대한 인식과 대응 역량은 후보자마다 큰 차이를 보인다. 사전에 위험을 인지하고 체계적인 방어와 대응 체계를 갖춘 후보는 이러한 도전을 더 효과적으로 관리할 수 있고, 때로는 위기를 기회로 전환할 수 있다.

제2장.

평판이 곧 후보의
정치 자산이다

‖ 신뢰는 서서히 쌓이고, 한순간에 무너진다 ‖

"정치적 신뢰는 오랜 시간에 걸쳐 조금씩 쌓이지만, 단 하나의 사건으로 무너질 수 있습니다. 디지털 시대에는 이 비대칭성이 더욱 극대화되어, 신뢰 구축의 어려움과 위기관리의 중요성이 배가됩니다."

경상남도의 한 시장 선거에서 F 후보는 10년 간의 지역 봉사와 정치 활동을 통해 견고한 신뢰를 구축했다. 그러나 선거를 2주 앞두고 그의 과거 발언이 담긴 짧은, 맥락이 생략된 영상 클립이 소셜미디어에서 급속히 퍼졌다. 비록 맥락이 왜곡된 것이었지만, 그가 쌓아온 신뢰의 상당 부분이 단 며칠 만에 훼손되었다.

서울대 정치심리학 연구소의 "정치적 신뢰의 역학" 연구에 따르면, 후보에 대한 신뢰를 구축하는 데는 평균적으로 7~8회의 긍정적 경험이 필요한 반면, 그 신뢰를 크게 손상하는 데는 단 1~2회의 부정적 경험으로 충분했다. 이러한 비대칭성은 정치적 신뢰의 본질적 특성이다.

디지털 시대에 정치적 신뢰의 비대칭성이 더욱 증폭되는 이유는 다음과 같다:

1. **확산 속도의 차이**: 부정적 정보는 긍정적 정보보다 평균 2.7배 빠르게 확산
2. **기억 지속성 차이**: 부정적 경험은 긍정적 경험보다 더 강하게 기억됨
3. **알고리즘 편향**: 많은 플랫폼 알고리즘이 감정적 반응이 강한 콘텐츠를 우선 노출
4. **맥락 상실 효과**: 디지털 환경에서 맥락이 쉽게 탈각되어 오해 발생
5. **검증의 비대칭성**: 유권자들이 긍정적 정보보다 부정적 정보를 더 철저히 검증

한국정치커뮤니케이션학회의 "디지털 신뢰 역학" 연구에 따르면, 소셜미디어에서 부정적인 정치 콘텐츠는 긍정적 콘텐츠보다 평균 4.2배 더 많은 공유와 댓글을 받았다. 특히 스캔들이나 실수와 관련된 콘텐츠는 정책 성과나 긍정적 비전을 다룬 콘텐츠보다 6.7배 더 많은 참여를 기록했다.

이러한 비대칭성에 대응하기 위해 성공적인 후보들은 다음과 같은 전략을 활용한다.

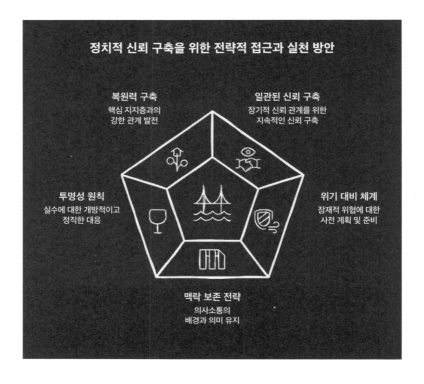

정치적 신뢰 구축을 위한 전략적 접근과 실천 방안

복원력 구축
핵심 지지층과의
강한 관계 발전

일관된 신뢰 구축
장기적 신뢰 관계를 위한
지속적인 신뢰 구축

투명성 원칙
실수에 대한 개방적이고
정직한 대응

위기 대비 체계
잠재적 위협에 대한
사전 계획 및 준비

맥락 보존 전략
의사소통의
배경과 의미 유지

1. **일관된 신뢰 구축**: 장기적이고 지속적인 신뢰 자산 구축
2. **위기 대비 체계**: 발생 가능한 위기에 대한 사전 대응 계획 수립
3. **맥락 보존 전략**: 맥락이 유지되도록 충분한 배경 정보 제공
4. **투명성 원칙**: 실수나 오해 발생 시 신속하고 투명한 대응
5. **복원력 구축**: 핵심 지지층과의 강한 관계를 통한 위기 복원력 구축

특히 중요한 것은 '신뢰 자산의 선제적 구축'이다. 연세대 정치 브랜딩 연구소의 연구에 따르면, 위기 이전에 강력한 신뢰 자산을

구축한 정치인은 그렇지 않은 정치인보다 위기 후 지지율 회복이 3.5배 빠른 것으로 나타났다. 이는 신뢰가 일종의 '위기 보험'으로 기능함을 시사한다.

디지털 시대의 정치인에게 신뢰 관리는 단순한 이미지 관리가 아니라, 전략적으로 구축하고 보호해야 할 핵심 자산이 되었다. 신뢰 구축의 비대칭적 어려움을 인식하고, 이에 맞는 체계적인 접근법이 필요하다.

‖ 평판은 브랜드 자산이다 ‖

와튼 스쿨의 정치 브랜딩 연구에 따르면, 명확한 브랜드 아이덴티티를 가진 후보는 그렇지 않은 후보보다 평균 17% 높은 지지율을 보인다. 유권자들은 일관된 이미지와 메시지를 가진 후보를 더 신뢰하고, 더 쉽게 기억한다.

경기도 지역에서 지방선거 후보로 출마한 I 후보는 다음과 같은 브랜드 자산 관리 전략을 실행했다:

1. 모든 커뮤니케이션에 일관된 시각적 아이덴티티 적용 (특정 색상, 글꼴, 디자인 요소)
2. 핵심 가치와 메시지를 반복적으로 강조 ("실용적 해결책으로 지역 변화")
3. 후보자의 개인 스토리를 브랜드 내러티브로 재구성 (지역 출신으로 기업에서 혁신을 이끈 경험)

4. 모든 공약과 발언이 브랜드 아이덴티티와 일치하는지 검증
5. 디지털 공간에서 브랜드 경험의 일관성 유지

특히 주목할 만한 것은 I 후보의 "브랜드 자산 보고서"였다. 그의 캠프는 매주 여론조사와 소셜미디어 분석을 통해 후보의 브랜드 자산을 평가했다. 이 보고서는 브랜드 인지도, 브랜드 연상, 브랜드 충성도, 브랜드 차별화와 같은 지표를 추적했다.

반면, 그의 경쟁자 J 후보는 이슈별로 다른 입장을 취하는 유연한 전략을 택했다. 그는 각 지역과 유권자 집단의 니즈에 맞춰 메시지를 조정했다. 단기적으로는 효과가 있었지만, 시간이 지날수록 유권자들은 "J 후보가 정확히 무엇을 대표하는지" 혼란스러워했다.

하버드 비즈니스 스쿨의 정치적 브랜드 일관성 연구에 따르면, 일관된 브랜드 이미지를 유지하는 후보는 시간이 지날수록 지지율이 상승하는 경향이 있다. 반면, 일관성이 부족한 후보는 초기에는 다양한 유권자층에 어필할 수 있지만, 장기적으로는 신뢰를 잃게 된다.

정치 컨설턴트 켈리앤 콘웨이는 이렇게 말했다. "정치인의 평판은 주식과 같다. 매일 가치가 변동하며, 시장(유권자)의 신뢰에 따라 상승하거나 하락한다. 좋은 평판 관리자는 장기적 관점에서 이 자산을 키워나간다."

결과적으로 I 후보의 브랜드 기반 접근법은 성공을 거두었다. 선거일이 다가올수록 그의 '실용적 혁신가' 이미지는 더욱 강화되었고, 유권자들은 그가 어떤 후보인지 명확히 인식했다. I 후보는

58%라는 높은 득표율로 당선되었다.

점검 체크리스트

- 내 정치적 브랜드의 핵심 아이덴티티는 무엇인가?
- 유권자들이 내 이름을 들었을 때 떠올리는 3가지 핵심 연상은 무엇인가?
- 내 브랜드 자산을 측정하고 평가할 수 있는 구체적인 지표는 무엇인가?
- 경쟁 후보와 비교했을 때, 내 브랜드의 차별점은 무엇인가?

‖ 착한 후보는 왜 낙선하는가 ‖

경북의 한 시의원 선거에서 있었던 일이다. K 후보는 지역사회에서 존경받는 인물이었다. 30년간 교사로 일하며 학생들을 헌신적으로 가르쳤고, 퇴직 후에는 지역 봉사활동에 적극적으로 참여했다. 그의 인품은 누구도 의심하지 않았다.

K 후보는 "교육과 복지로 행복한 지역사회 만들기"를 슬로건으로 내걸었다. 그의 공약은 학교 환경 개선, 노인 복지 확대, 지역 공동체 강화와 같은 좋은 의도의 정책들이었다. 많은 사람들이 그의 진정성과 선한 의도를 믿었다.

그러나 선거 결과, K 후보는 정치 경험이 거의 없는 젊은 사업가

L 후보에게 패배했다. L 후보의 슬로건은 "과감한 변화, 실질적 결과"였고, 그는 자신의 경영 경험을 강조하며 지역 문제를 "효율적으로 해결하겠다"라고 약속했다.

왜 착한 K 후보는 패배했을까? 이 질문에 답하기 위해 우리는 심층 인터뷰를 실시했다. 흥미롭게도, 많은 유권자가 K 후보를 "좋은 사람"으로 인식했지만, "효과적인 지도자"로는 보지 않았다. 그들은 K 후보의 인품을 존중했지만, 그가 실제로 변화를 만들어낼 수 있을지 의심했다.

프린스턴 대학의 '정치적 리더십 인식 연구'에 따르면, 유권자들은 후보자를 평가할 때 두 가지 주요 차원을 고려한다: 온정성(warmth)과 역량(competence). 온정성은 후보자의 인격, 진정성, 공감 능력과 관련되며, 역량은 문제 해결 능력, 리더십, 결단력과 관련된다.

착한 후보들이 종종 직면하는 문제는 온정성은 높게 평가받지만, 역량은 낮게 평가받는다는 것이다. 특히 디지털 공간에서 이러한 불균형이 더욱 두드러진다. "좋은 사람"이라는 이미지만으로는 유권자들에게 "강력한 리더"라는 인상을 주기 어렵다.

K 후보의 온라인 프로필을 분석해 보니, 그의 디지털 인상은 주로 봉사활동 사진, 따뜻한 미소, 주민들과 대화하는 모습 등 온정성을 강조하는 콘텐츠로 가득했다. 반면 L 후보의 온라인 이미지는 결단력 있는 표정, 데이터를 분석하는 모습, 구체적인 성과를 강조하는 콘텐츠가 주를 이루었다.

심리학자 로버트 치알디니는 "사람들은 좋아하는 사람보다 존경하는 사람을 따르는 경향이 있다"라고 지적했다. 정치에서는 특히 그렇다. 유권자들은 인격적으로 훌륭한 후보보다, 문제를 해결할 수 있다고 믿는 후보에게 투표하는 경향이 있다.

이런 통찰을 바탕으로, 다른 지역에서 출마한 비슷한 배경의 M 후보는 다른 전략을 택했다. 그 역시 오랜 교직 경험을 가진 존경받는 인물이었지만, 그의 캠프는 온정성과 역량을 균형 있게 보여주는 전략을 실행했다.

M 후보는 자신의 교직 경험을 "700명의 학생을 관리하고, 30억 원의 예산을 효율적으로 집행한 경험"으로 재구성했다. 그의 봉사활동은 "지역사회 문제 해결을 위한 실천적 리더십"으로 프레임되었다. 온라인에서도 따뜻한 이미지와 함께, 문제를 분석하고 해결책을 제시하는 콘텐츠를 균형 있게 보여주었다.

결과적으로 M 후보는 온정성과 역량을 모두 갖춘 후보로 인식되었고, 선거에서 승리할 수 있었다.

점검 체크리스트

- 유권자들이 나를 '좋은 사람'으로만 인식하고 있지는 않은가?
- 내 디지털 이미지에서 온정성과 역량이 균형 있게 표현되고 있는가?
- 내 과거 경험과 성과를 '역량'의 관점에서 어떻게 재구성할 수 있을까?
- 온라인 콘텐츠는 내 인품뿐만 아니라 문제 해결 능력도 충분히 보여주고 있는가?

‖ 인식의 게임: 실제 vs 인상 ‖

"결국 중요한 것은 당신이 누구인가가 아니라, 유권자들이 당신을 어떻게 인식하느냐다."

이것은 정치 커뮤니케이션 전문가 제니퍼 팔메리가 자주 하는 말이다. 많은 정치인이 이 현실을 받아들이기 어려워한다. 그들은 자신의 실제 모습, 정책, 성과가 자연스럽게 유권자들에게 전달될 것이라고 믿는다. 그러나 현실은 그렇지 않다.

서울의 한 국회의원 보궐선거에서 N 후보는 이 교훈을 뼈저리게 경험했다. 그는 국제 변호사 출신으로, 뛰어난 전문성과 정책 지식을 갖추고 있었다. 그의 공약은 구체적이고 실현 가능했으며, 지역 문제 해결에 효과적이었다.

하지만 유권자들에게 N 후보의 인상은 어땠을까? 우리가 실시한 포커스 그룹 인터뷰에서 놀라운 결과가 나왔다. 대부분의 참가자는 N 후보를 "엘리트적", "거리감 있는", "복잡한"이라는 단어로 묘사했다. 그의 전문성은 인정받았지만, 그것이 "일반 주민들과 괴리된" 인상을 만들어냈다.

스탠퍼드 대학의 "인식 간극 이론"에 따르면, 우리가 스스로 생각하는 자신의 모습과 타인이 인식하는 우리의 모습 사이에는 항상 차이가 있다. 정치인들의 경우 이 간극이 특히 클 수 있다. 그들은 자신의 정책과 비전에 너무 몰입한 나머지, 그것이 유권자들에게 어떻게 보이는지 객관적으로 평가하기 어렵다.

N 후보의 경우, 그는 자신을 "전문성을 갖춘 문제 해결사"로 생

각했지만, 유권자들에게는 "현실과 동떨어진 엘리트"로 비쳤다. 이 인식 간극이 그의 패배로 이어졌다.

반면, 같은 선거에 출마한 O 후보는 인식의 게임을 완벽하게 이해하고 있었다. 그도 N 후보 못지않은 전문성을 갖추고 있었지만, 그것을 어떻게 표현하느냐에 더 신경 썼다. 그는 복잡한 정책을 일상적인 언어로 설명했고, 주민들의 실제 생활과 연결했다.

O 후보의 캠프는 정기적으로 "인식 점검" 세션을 진행했다. 그들은 지역 주민들을 무작위로 선정해 후보에 대한 첫인상을 물었고, 그 피드백을 바탕으로 메시지와 이미지를 조정했다. 특히 디지털 공간에서 후보의 인상을 지속적으로 모니터링하고 최적화했다.

컬럼비아 대학의 "디지털 인상 형성 모델"에 따르면, 온라인에서의 인상은 다음 다섯 가지 요소에 의해 결정된다:

1. 시각적 요소 (사진, 영상, 디자인)
2. 언어적 요소 (어휘, 문체, 톤)
3. 상호작용 패턴 (댓글 대응, 소통 방식)

4. 콘텐츠 일관성 (메시지의 통일성)

5. 맥락적 요소 (플랫폼 특성, 시의성)

O 후보의 캠프는 이 모든 요소를 체계적으로 관리했다. 그들은 후보의 사진에서 배경, 의상, 표정까지 신중하게 선택했다. 언어는 전문성을 유지하면서도 일상적인 표현을 사용했다. 소셜미디어에서는 주민들의 댓글에 직접 응답하며 친근한 이미지를 구축했다.

결과적으로, O 후보는 비슷한 배경과 정책을 가졌음에도 N 후보와 완전히 다른 인상을 만들어냈다. 유권자들은 그를 "친근하지만 유능한", "전문적이면서도 소통하는" 후보로 인식했다. O 후보는 근소한 차이로 승리했다.

이 사례는 정치에서 실제와 인상 사이의 관계를 잘 보여준다. 좋은 정책과 역량은 분명 중요하다. 하지만 그것이 유권자들에게 어떻게 인식되느냐가 궁극적으로 승패를 결정한다.

점검 체크리스트

• 유권자들이 실제로 나를 어떻게 인식하는지 객관적으로 평가할 방법은 무엇인가?

• 내가 생각하는 나의 모습과 유권자들이 인식하는 나의 모습 사이에 간극이 있는가?

• 디지털 공간에서 내 인상을 형성하는 다섯 가지 요소(시각, 언어, 상호작용, 일관성, 맥락)는 어떻게 최적화되어 있는가?

• 전문성을 유지하면서도 친근한 인상을 줄 수 있는 커뮤니케
  이션 전략은 무엇인가?

‖ 정치적 신뢰의 디지털 매트릭스 ‖

정치적 신뢰는 과거 어느 때보다 복잡한 개념이 되었다. 특히 디
지털 시대에는 신뢰가 형성되고, 측정되고, 손상되는 방식이 근본
적으로 변화했다.

경기도의 한 도의원 선거에서 P 후보는 이 복잡한 신뢰의 매트
릭스를 이해하고 관리하는 혁신적인 접근법을 시도했다. 그는 데
이터 분석가 출신으로, 정치적 신뢰를 정량적으로 측정하고 최적
화하려 했다.

P 후보의 캠프는 MIT 미디어랩의 "디지털 신뢰 매트릭스" 모델
을 선거 전략에 적용했다. 이 모델에 따르면, 정치적 신뢰는 네 가
지 차원으로 구성된다.

1. **역량 신뢰**(Competence Trust): 후보자가 약속을 실행할 능
   력이 있다는 믿음

2. **가치 신뢰**(Value Trust): 후보자가 옳은 일을 추구한다는
   믿음

3. **진정성 신뢰**(Authenticity Trust): 후보자가 진솔하고 일관된

모습을 보인다는 믿음

4. **소통 신뢰(Communication Trust)**: 후보자가 투명하고 정직하게 소통한다는 믿음

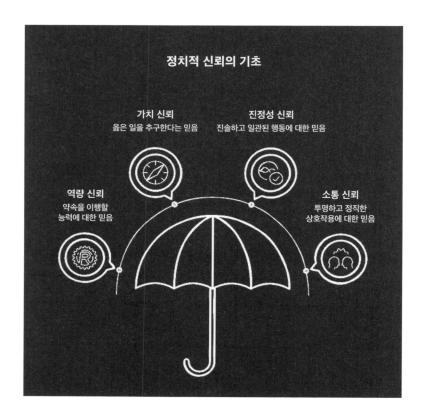

P 후보의 캠프는 이 네 차원 각각에 대해 온라인 신뢰도를 측정하는 지표를 개발했다. 그들은 소셜미디어 분석, 온라인 여론조사, 댓글 감정 분석 등을 통해 정기적으로 이 지표들을 추적했다.

예를 들어, 역량 신뢰를 평가하기 위해 그들은 P 후보의 경력과 성과에 관한 온라인 게시물의 반응을 분석했다. 가치 신뢰는 후보

자의 정치적 신념과 비전에 대한 공감 정도로 측정했다. 진정성 신뢰는 시간에 따른 메시지의 일관성과 온/오프라인 행동의 일치도로 평가했다. 소통 신뢰는 질문과 비판에 대한 응답률과 투명성으로 측정했다.

이 분석을 통해 P 후보는 자신의 신뢰 프로필을 명확히 파악할 수 있었다. 그는 역량과 가치 신뢰에서는 높은 점수를 받았지만, 진정성과 소통 신뢰에서는 개선이 필요했다. 특히 온라인에서의 진정성 신뢰가 낮은 것으로 나타났다.

이 정보를 바탕으로, P 후보는 신뢰 매트릭스의 균형을 맞추기 위한 전략을 수립했다. 그는 더 자연스럽고 비공식적인 소셜미디어 콘텐츠를 늘리고, 라이브 Q&A 세션을 정기적으로 진행하며, 어려운 질문에도 직접 답변했다. 또한 그의 개인 이야기와 가치관을 더 자주 공유하여 진정성을 강화했다.

하버드 비즈니스 리뷰의 연구에 따르면, 이러한 균형 잡힌 신뢰 프로필을 가진 후보는 한두 가지 차원에서만 강점을 보이는 후보보다 훨씬 더 높은 지지율을 얻는 경향이 있다. 유권자들은 종합적인 신뢰를 주는 후보에게 더 끌린다.

P 후보의 신뢰 매트릭스 관리 전략은 효과적이었다. 선거일이 다가올수록 그의 온라인 신뢰도는 모든 차원에서 균형 있게 상승했고, 결국 그는 comfortable margin으로 승리했다.

이 사례는 디지털 시대의 정치적 신뢰가 얼마나 복잡하고 다차원적인지 보여준다. 단순히 "신뢰할 수 있는 후보"가 되는 것이 아니라, 서로 다른 유형의 신뢰를 균형 있게 구축하고 관리하는 것이 중요하다.

점검 체크리스트

- 내 신뢰 프로필에서 가장 강한 차원과 가장 약한 차원은 무엇인가?
- 디지털 공간에서 내 진정성 신뢰를 강화할 수 있는 방법은 무엇인가?
- 내 신뢰 매트릭스를 정기적으로 측정하고 모니터링할 수 있는 지표는 무엇인가?
- 각 신뢰 차원별로 최적화된 디지털 콘텐츠 전략은 무엇인가?

제3장.

디지털 인상은
누구에 의해 만들어지는가?

‖ 언론 보도와 여론의 형성 구조 ‖

"더 이상 언론이 여론을 형성하지 않는다. 언론과 소셜미디어가 복잡하게 얽혀 여론이 형성된다."

이것은 정치 커뮤니케이션 학자 마크 더튼의 말이다. 과거에는 주요 언론매체가 정치 의제를 설정하고 여론을 주도했다. 그러나 디지털 시대에는 그 구조가 훨씬 더 복잡해졌다.

부산의 한 시장 선거에서 Q 후보는 이 복잡한 구조를 파악하고 효과적으로 활용했다. 그는 전통 언론과 온라인 미디어의 상호작용을 이해하기 위해 '미디어 영향력 매핑'이라는 방법론을 개발했다.

Q 후보의 캠프는 지역 내 모든 미디어 채널(신문, TV, 라디오, 온라인 뉴스, 블로그, 유튜브 채널, 소셜미디어 페이지 등)을 식별하고, 그들의 영향력과 상호작용을 분석했다. 그들은 특정 뉴스가 어떻게 확산하고, 어떤 채널이 의제를 설정하며, 어떤 인플루언서

가 여론 형성에 영향을 미치는지 추적했다.

옥스퍼드 인터넷 연구소의 "디지털 미디어 생태계 연구"에 따르면, 현대 여론 형성은 다음과 같은 단계로 이루어진다.

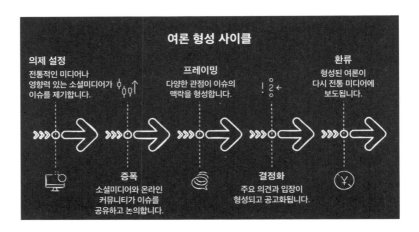

1. **의제 설정**: 전통 언론이나 영향력 있는 소셜미디어 계정이 이슈를 제기
2. **증폭**: 소셜미디어와 온라인 커뮤니티에서 해당 이슈가 공유되고 논의됨
3. **프레이밍**: 다양한 관점과 해석이 더해지며 이슈의 맥락이 형성됨
4. **결정화**: 주요 의견과 입장이 형성되고 공고화됨
5. **환류**: 형성된 여론이 다시 전통 언론으로 피드백되어 보도됨

Q 후보의 캠프는 이 모든 단계에 관여하는 전략을 수립했다. 그들은 지역 언론과 긴밀한 관계를 유지하며 의제 설정에 영향을 미쳤고, 영향력 있는 소셜미디어 계정과 협력하여 메시지 증폭을 도

왔다. 또한 온라인 커뮤니티에서 활발하게 참여하여 이슈 프레이밍에 개입했다.

특히 주목할 만한 전략은 '선제적 프레이밍'이었다. Q 후보의 캠프는 주요 정책 발표 전에 먼저 온라인 커뮤니티와 소셜미디어에서 관련 화제를 일으키고, 이것이 언론에 포착되도록 했다. 그런 다음 언론 보도가 나오면 이를 다시 소셜미디어에서 증폭시켰다. 이 선순환 구조는 Q 후보의 메시지가 유권자들에게 더 효과적으로 전달되도록 했다.

예를 들어, Q 후보가 교통 정책을 발표하기 전, 그의 캠프는 지역 맘카페와 직장인 커뮤니티에서 "출퇴근 시간을 어떻게 줄일 수 있을까요?"라는 주제로 토론을 유도했다. 이 토론이 활발해지자 지역 언론이 이를 보도했고, 이때 Q 후보가 구체적인 교통 정책을 발표했다. 그러자 언론은 "시민들이 요구한 해결책, Q 후보가 제시"라는 프레임으로 보도했고, 이 보도는 다시 소셜미디어에서 널리 공유되었다.

예일 대학의 "디지털 시대 정치 커뮤니케이션" 연구에 따르면, 이렇게 언론과 소셜미디어 사이의 시너지를 창출하는 후보는 어느 한쪽에만 집중하는 후보보다 평균 24% 더 높은 메시지 도달률을 보인다.

반면, Q 후보의 경쟁자 R 후보는 전통적인 언론 관계에만 집중했다. 그는 정기적으로 기자회견을 열고 보도자료를 배포했지만, 그 내용이 온라인에서 어떻게 해석되고 공유되는지는 관리하지 않았다. 결과적으로, 많은 경우 그의 메시지는 디지털 공간에서 왜곡되거나 논란의 대상이 되었다.

언론 보도와 여론 형성의 복잡한 구조를 이해하고 관리한 Q 후보는 결국 선거에서 승리했다. 그의 성공은 더 이상 언론과 소셜미디어를 별개로 볼 수 없다는 것을 보여준다.

2부

평판 전략 설계: 어떻게 보일 것인가

(실천적 프레임 워크 - 러셀 브런슨 + 블렛 저널 스타일)

제4장.
정치인의 평판 구조도 만들기

‖ 디지털 평판의 3단계 구조:
검색 → 인상 → 행동 ‖

"후보님, 당신의 디지털 평판은 세 단계의 여정입니다. 유권자가 당신을 검색하고, 인상을 형성하고, 그에 따라 행동하는 과정이죠."

이것은 내가 모든 후보자에게 설명하는 첫 번째 원칙이다. 디지털 평판은 단순한 온라인 이미지가 아니라, 유권자의 의사결정 여정 전체를 포함한다.

서울의 한 구청장 선거에서 A 후보는 이 원칙을 완벽하게 적용했다. 그는 마케팅 전문가 출신으로, 소비자 행동 분석 기법을 정치 캠페인에 도입했다. 그의 첫 번째 작업은 유권자의 디지털 의사결정 여정을 매핑하는 것이었다.

A 후보의 캠프는 디지털 평판의 세 단계를 다음과 같이 정의했다:

1. **검색 단계**: 유권자가 후보자에 대한 정보를 찾는 과정

   • 주요 검색어와 정보 소스

   • 검색 결과 첫 페이지에 나타나는 콘텐츠

   • 가장 많이 클릭되는 링크와 이미지

2. **인상 형성 단계**: 유권자가 정보를 해석하고 평가하는 과정

   • 핵심 메시지의 명확성과 일관성

   • 시각적 요소(사진, 영상, 디자인)의 영향

   • 제3자의 평가와 댓글의 영향

3. **행동 단계**: 형성된 인상에 기반한 유권자의 결정과 행동

   • 추가 정보 탐색

   • 지지 의사 표현

   • 투표 결정

스탠퍼드 행동과학 연구소의 "디지털 의사결정 경로" 모델에 따르면, 각 단계는 다음 단계로 넘어가기 위한 명확한 전환점(conversion point)을 갖는다. 검색에서 인상으로 넘어가는 전환점은 "관심 유발"이며, 인상에서 행동으로 넘어가는 전환점은 "신뢰 형성"이다.

A 후보는 이 모델을 바탕으로 단계별 전략을 수립했다. 검색 단계에서는 SEO 최적화와 키워드 관리에 집중했고, 인상 형성 단계에서는 일관된 메시지와 시각적 아이덴티티를 구축했다. 행동 단계에서는 명확한 '행동 촉구(call to action)'를 제시했다.

특히 흥미로운 것은 A 후보의 "메시지 계단식 배치" 전략이었다. 그는 유권자가 자신을 처음 검색했을 때 접하는 콘텐츠(개요), 링크를 클릭했을 때 보는 콘텐츠(핵심 메시지), 그리고 더 깊이 탐색했을 때 발견하는 콘텐츠(상세 정책)를 단계적으로 설계했다. 이는 유권자의 관심 수준에 따라 적절한 깊이의 정보를 제공하는 방식이었다.

하버드 디지털 정치연구소의 연구에 따르면, 이렇게 유권자의 디지털 여정을 체계적으로 설계한 캠페인은 그렇지 않은 캠페인보다 평균 31% 높은 메시지 효과를 보인다.

A 후보의 디지털 평판 구조는 실제로 효과적이었다. 그의 이름을 검색한 유권자의 73%가 추가 정보를 찾기 위해 링크를 클릭했고(검색→인상 전환), 그중 58%가 지지 의사를 표현하거나 자원봉사에 참여했다(인상→행동 전환). 이는 업계 평균인 45%와 29%를 크게 상회하는 수치였다.

정치 컨설턴트 데이비드 액셀로드는 이렇게 말했다. "디지털 시대의 선거에서 중요한 것은 단순히 좋은 콘텐츠를 만드는 것이 아니라, 유권자의 디지털 여정 전체를 설계하는 것이다."

‖ 후보의 온라인 존재감 진단 ‖

"당신의 온라인 존재감은 보이는 것보다 훨씬 더 복잡합니다. 그것은 물 위에 떠 있는 빙산의 일각과 같습니다."

경남의 한 시장 선거에서 B 후보는 자신의 온라인 존재감이 충분하다고 생각했다. 그는 페이스북, 인스타그램, 유튜브 계정을 운영하고 있었고, 정기적으로 콘텐츠를 게시했다. 그러나 여론조사에서 그의 인지도는 여전히 낮았다.

우리는 B 후보의 온라인 존재감에 대한 포괄적 진단을 실시했다. 우리가 사용한 것은 MIT 미디어랩의 "디지털 존재감 빙산 모델"이었다. 이 모델에 따르면, 정치인의 온라인 존재감은 다음 세 가지 층위로 구성된다:

1. **표면층(Surface Layer)**: 후보자가 직접 통제하는 공식 채널과 콘텐츠
   - 공식 웹사이트, SNS 계정, 보도자료 등
2. **중간층(Middle Layer)**: 제3자가 생산하는 준공식적 콘텐츠
   - 언론 보도, 인터뷰, 지지자들의 공유 콘텐츠 등
3. **심층(Deep Layer)**: 비공식적이고 유기적으로 형성되는 존재감
   - 온라인 커뮤니티의 토론, 댓글, 밈(meme), 유권자들의 개인적 평가 등

진단 결과, B 후보는 표면층에만 집중하고 있었고, 중간층과 심층에서의 존재감은 매우 약했다. 그의 공식 SNS 계정은 활발했지만, 그 콘텐츠가 제3자에 의해 공유되거나 논의되는 경우는 드물었다. 또한 지역 온라인 커뮤니티에서 그에 대한 자발적인 언급이나 토론은 거의 없었다.

이러한 진단을 바탕으로, 우리는 B 후보의 온라인 존재감을 강화하기 위한 전략을 수립했다. 표면층은 유지하면서, 중간층과 심층에서의 존재감을 크게 확대하는 것이 목표였다.

중간층 강화를 위해, 우리는 지역 인플루언서와의 협력 프로그램

을 시작했다. 유튜버, 블로거, 지역 커뮤니티 활동가들과 협력하여 B 후보의 메시지가 다양한 채널을 통해 확산하도록 했다. 또한 언론 관계를 재구축하여 B 후보의 활동이 더 자주 보도되도록 했다.

심층 강화를 위해서는 "대화형 콘텐츠" 전략을 실행했다. B 후보가 지역 현안에 대해 질문을 던지고, 주민들이 자신의 의견을 공유하도록 유도했다. 이 전략은 B 후보의 메시지가 온라인 커뮤니티에서 자연스럽게 논의되도록 하는 데 효과적이었다.

컬럼비아 대학의 "정치적 디지털 존재감" 연구에 따르면, 세 층위 모두에서 강한 존재감을 가진 후보는 표면층에만 집중한 후보보다 평균 2.7배 높은 온라인 영향력을 갖는다. 특히 심층에서의 존재감은 유권자의 최종 결정에 가장 큰 영향을 미친다.

6개월간의 전략 실행 후, B 후보의 온라인 존재감은 극적으로 변화했다. 그의 이름이 지역 온라인 커뮤니티에서 자연스럽게 언급되는 빈도가 8배 증가했고, 그의 콘텐츠가 제3자에 의해 공유되는 비율도 5배 상승했다. 결과적으로, 그의 인지도와 호감도가 크게 향상되었고, 선거에서 승리할 수 있었다.

정치 커뮤니케이션 전문가 크레이그 뉴마크는 이렇게 말했다. "진정한 디지털 존재감은 당신이 직접 말하는 것이 아니라, 다른 사람들이 당신에 대해 말하는 것이다."

점검 체크리스트

• 내 온라인 존재감의 세 층위(표면, 중간, 심층)는 각각 얼마

‖ 채널별 디지털 자산 목록화 ‖

"당신의 디지털 자산을 정확히 파악하고 있나요? 그것은 미래 선거의 승패를 좌우할 가장 중요한 자산입니다."

대부분의 후보자는 자신의 디지털 자산이 무엇인지 명확히 알지 못한다. 그들은 SNS 계정이나 웹사이트를 가지고 있지만, 그것을 체계적으로 관리하지 않는다. 그러나 디지털 자산은 물리적 자산과 마찬가지로 철저한 관리와 최적화가 필요하다.

인천의 한 국회의원 선거에서 C 후보는 체계적인 디지털 자산 관리로 차별화된 전략을 펼쳤다. 그는 기업 경영인 출신으로, 자산 관리의 중요성을 잘 이해하고 있었다. C 후보의 첫 번째 작업은 모든 디지털 자산을 목록화하는 것이었다. 그의 캠프는 다음과 같은 카테고리로 디지털 자산을 분류했다.

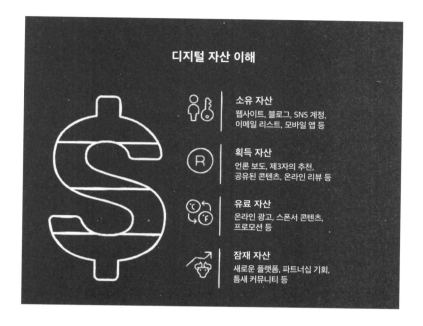

1. **소유 자산(Owned Assets)**: 직접 소유하고 통제할 수 있는 디지털 자산

    • 웹사이트, 블로그, SNS 계정, 이메일 리스트, 모바일 앱 등

2. **획득 자산(Earned Assets)**: 타인의 인정이나 공유를 통해 얻은 디지털 자산

    • 언론 보도, 제3자의 추천, 공유된 콘텐츠, 온라인 리뷰 등

3. **유료 자산(Paid Assets)**: 금전적 투자를 통해 얻은 디지털 자산

    • 온라인 광고, 스폰서 콘텐츠, 프로모션 등

4. **잠재 자산(Potential Assets)**: 아직 활용되지 않았지만 가치 있는 디지털 기회

    • 새로운 플랫폼, 파트너십 기회, 틈새 커뮤니티 등

하버드 디지털 비즈니스 스쿨의 "디지털 자산 최적화" 프레임워크에 따르면, 각 자산은 세 가지 차원에서 평가되어야 한다: 도달 범위(Reach), 관여도(Engagement), 전환율(Conversion). 도달 범위는 해당 자산이 얼마나 많은 사람에게 도달하는지, 관여도는 사람들이 얼마나 깊이 상호작용 하는지, 전환율은 그것이 실제 지지나 투표로 이어지는 비율을 의미한다.

C 후보의 캠프는 모든 디지털 자산에 대해 이 세 가지 지표를 측정하고, 이를 바탕으로 최적화 우선순위를 설정했다. 예를 들어, 그의 유튜브 채널은 도달 범위는 넓었지만 관여도가 낮았고, 개인 블로그는 관여도는 높았지만 도달 범위가 제한적이었다.

이 분석을 바탕으로, C 후보는 채널별 차별화된 전략을 수립했다. 유튜브는 짧고 임팩트 있는 콘텐츠로 관여도를 높이는 데 집중했고, 블로그는 SEO 최적화를 통해 도달 범위를 확대했다. 또한 지역 인플루언서와의 협력을 통해 새로운 획득 자산을 창출했다.

특히 주목할 만한 것은 C 후보의 "디지털 자산 시너지" 전략이었다. 그는 서로 다른 자산 간의 상호 보완적 관계를 설계했다. 예를 들어, 페이스북에서는 유튜브 영상의 하이라이트를 공유하고, 인스타그램에서는 블로그 콘텐츠를 시각화했다. 이를 통해 각 채널의 강점을 활용하면서 약점을 보완할 수 있었다.

노스웨스턴대학의 연구에 따르면, 이렇게 통합된 디지털 자산 전략을 가진 캠페인은 개별 채널을 독립적으로 운영하는 캠페인보다 43% 더 높은 메시지 일관성과 효과를 보인다.

C 후보의 디지털 자산 관리 전략은 결실을 맺었다. 6개월 동안 그의 디지털 자산 가치(총 도달 범위, 관여도, 전환율의 복합 지표)

는 230% 증가했다. 특히 20~40대 유권자들 사이에서 그의 메시지 침투율이 크게 향상되었고, 이는 선거 승리의 핵심 요인이 되었다.

정치 디지털 전략가 브래드 파스케일은 이렇게 말했다. "현대 선거에서 디지털 자산 포트폴리오는 지지자 명단이나 기부금만큼이나 중요한 캠페인 자산이다."

점검 체크리스트

- 내 디지털 자산 포트폴리오는 어떻게 구성되어 있으며, 각 자산의 가치는 어떠한가?
- 각 디지털 채널의 도달범위, 관여도, 전환율은 어떻게 측정되고 있는가?
- 서로 다른 디지털 자산 간의 시너지를 어떻게 강화할 수 있을까?
- 현재 보유한 디지털 자산 중 가장 과소평가되고 있는 것은 무엇인가?

‖ 인상 흐름도 그리기 ‖

"유권자는 후보자의 디지털 콘텐츠를 개별적으로 경험하는 것이 아니라, 연결된 흐름으로 경험합니다. 인상 흐름도는 이 경험의 연속성을 시각화하고 최적화하여, 유권자가 처음 접한 지점에서 지지 행동

까지 자연스럽게 이어지도록 합니다."

인상 흐름도는 유권자가 다양한 디지털 접점을 통해 후보에 대한 인상을 형성해 가는 과정을 시각적으로 매핑하는 도구다. 이는 분산된 디지털 자산을 하나의 연결된 경험으로 이해하고 설계하는 데 도움을 준다. 인상 흐름도는 다음 요소로 구성된다:

1. 유권자 페르소나별 초기 접점
   - 각 유권자 세그먼트의 주요 발견 경로
   - 자연스러운 첫 노출 지점
   - 능동적 검색 vs. 수동적 노출 시나리오
   - 맥락적 요소 (시간, 장소, 상황)

2. 인상 형성 경로
   - 첫 접점에서 형성되는 초기 인상
   - 추가 정보 탐색 경로와 가능성
   - 중요한 전환 및 결정 지점
   - 채널 간 이동 패턴

3. 참여 심화 단계
   - 단계별 참여 심화 기회
   - 감정적/인지적 참여 요소
   - 지지 강화 및 확신 지점
   - 이탈 위험 및 재참여 메커니즘

4. 행동 전환 촉진점
   - 지지 표현 및 공유 유도 요소

- 자원봉사 및 기부 전환 경로
- 투표 약속 및 계획 형성 기회
- 지속적 지지 관계 구축 요소

인상 흐름도는 선형적 플로차트가 아니라, 다양한 경로와 가능성을 포함한 역동적인 지도다. 이는 유권자가 언제, 어디서, 어떻게 후보를 만나든 일관되고 강력한 경험을 제공하기 위한 청사진 역할을 한다.

스탠퍼드 디자인 스쿨의 "사용자 경험 매핑" 연구에 따르면, 사용자 여정에서 가장 중요한 것은 개별 접점의 품질이 아니라, 접점 간 전환의 매끄러움이다. 디지털 경험에서 "이음새"가 느껴질 때 사용자의 참여율과 전환율이 급격히 감소했다.

인상 흐름도는 특히 다음 질문에 답하는 데 도움을 준다:

- 유권자는 어디서 우리 후보를 처음 발견하고, 어떤 초기 인상을 형성하는가?
- 첫 접점 후 자연스러운 다음 단계는 무엇인가?
- 유권자의 참여가 심화하거나 이탈하는 결정적 지점은 어디인가?
- 유권자의 지지를 행동으로 전환하는 가장 효과적인 경로는 무엇인가?
- 디지털 자산 간의 연결이 끊어지거나 불일치하는 지점은 어디인가?

이 흐름도를 통해 후보의 디지털 존재감을 개별 채널의 집합이 아닌, 통합된 유권자 경험으로 재구성할 수 있다. 이는 다음 장에서 다룰 내러티브 설계의 기초가 되며, 디지털 평판의 실질적인 최적화를 위한 로드맵 역할을 한다.

‖ 평판 점검 워크시트 ‖

"당신의 평판을 정기적으로 점검하고 있나요? 당신이 모르는 사이에 평판이 손상되고 있을 수 있습니다."

많은 후보자가 평판 관리의 중요성을 인식하지만, 체계적인 점검 시스템을 갖추지 않는다. 그들은 문제가 발생했을 때만 반응하며, 이는 종종 너무 늦게 이루어진다.

부산의 한 시장 선거에서 E 후보는 다른 접근법을 택했다. 그는 금융 분야 출신으로, 정기적인 '위험 평가(risk assessment)'의 중요성을 알고 있었다. 그는 정치적 평판에도 같은 원칙을 적용했다.

E 후보의 캠프는 "평판 점검 워크시트"를 개발했다. 이는 하버드 케네디 스쿨의 "정치적 평판 매트릭스"와 맥킨지의 "평판 위험 모델"을 결합한 것이었다. 이 워크시트는 매월 평판의 다양한 측면을 체계적으로 평가하고 모니터링하는 도구였다.

평판 점검 워크시트는 다음과 같은 주요 영역을 포함했다:

1. **평판 자산 평가**: 현재 보유한 긍정적 평판 요소의 강도
   • 주요 성과, 차별화된 강점, 신뢰 기반 등

2. **평판 위험 평가**: 잠재적 위협 요소의 식별과 평가
   - 논란 가능성, 약점, 외부 도전 등
3. **채널별 평판 상태**: 각 디지털 채널에서의 평판 현황
   - 검색 결과, SNS 반응, 언론 태도, 온라인 토론 등
4. **경쟁 평판 분석**: 경쟁 후보 대비 상대적 평판 위치
   - 차별화 요소, 비교 우위/열위 등
5. **평판 트렌드 추적**: 시간에 따른 평판 변화 패턴
   - 상승/하락 추세, 변곡점, 계절적 변동 등

워크시트의 각 항목은 1~5점으로 평가되었고, 이를 시각화하여 평판의 강점과 약점을 한눈에 파악할 수 있었다. 또한 항목별로 구체적인 개선 행동 계획이 수립되었다.

컬럼비아 대학의 "정치적 평판 점검" 연구에 따르면, 이러한 정기적 평판 점검 시스템을 갖춘 캠페인은 평균적으로 위기 상황에 3배 더 빠르게 대응하고, 평판 손상을 68% 더 효과적으로 방지한다.

"디지털 평판은 정적인 자산이 아니라 지속적으로 관리해야 하는 동적 프로세스입니다. 체계적인 평가와 최적화를 위한 구조화된 워크시트는 주기적인 평판 건강 점검과 개선의 기초가 됩니다."

평판 점검 워크시트는 후보의 디지털 평판 상태를 종합적으로 평가하고, 개선 영역을 식별하며, 실행 계획을 수립하기 위한 체계적인 도구다. 이 워크시트는 다음 섹션으로 구성된다:

1. 평판 건강 점수
   - **검색성**: 주요 키워드에서의 검색 순위 및 발견 가능성 (1~10점)

- **인상**: 첫인상의 명확성, 차별성, 호감도 (1~10점)
- **참여**: 콘텐츠 참여율, 상호작용 수준, 커뮤니티 활성도 (1~10점)
- **신뢰**: 지지자 증언, 제3자 검증, 일관성, 투명성 (1~10점)
- **행동 전환**: 디지털에서 실제 지지 행동으로의 전환율 (1~10점)

2. SWOT 분석
- **강점**: 현재 디지털 평판의 차별화 요소와 경쟁 우위
- **약점**: 취약점, 부족한 영역, 개선이 필요한 요소
- **기회**: 활용 가능한 트렌드, 채널, 콘텐츠 영역
- **위협**: 잠재적 위험, 경쟁 요소, 외부 도전

3. 핵심 인사이트
- 유권자 데이터에서 발견된 중요한 패턴
- 주목할 만한 반응 및 피드백
- 예상과 다른 결과
- 경쟁 후보와의 비교

E 후보의 평판 점검 워크시트는 특히 두 가지 면에서 효과적이었다. 첫째, 그것은 잠재적 문제를 조기에 발견하는 조기 경보 시스템 역할을 했다. 둘째, 평판 관리를 감정적 대응이 아닌 데이터에 기반한 과정으로 만들었다.

예를 들어, 한 달간의 점검에서 E 후보는 지역 개발 정책에 대한 온라인 커뮤니티의 반응이 부정적으로 변화하고 있음을 발견했다. 위기로 발전하기 전에, 그는 추가 설명 자료를 제작하고 커뮤니티 참여를 강화하는 선제적 조치를 취했다.

또한 워크시트는 E 후보의 디지털 평판에서 가장 취약한 부분

이 "전문성과 서민성의 균형"임을 보여주었다. 그는 전문성은 높게 평가받았지만, 서민들과의 소통과 공감 능력은 상대적으로 낮게 평가받고 있었다. 이 통찰을 바탕으로 E 후보는 지역 시장과 골목상권 방문 시리즈를 시작하고, 이를 소셜미디어에서 "우리 동네 이야기"라는 주제로 공유했다.

E 후보의 평판 점검 워크시트는 단순한 모니터링 도구를 넘어 전략적 의사결정의 기반이 되었다. 그것은 캠프 회의에서 정기적으로 논의되었고, 모든 주요 결정은 평판에 미치는 영향을 고려했다.

정치 컨설턴트 데이비드 플레셔는 이렇게 말했다. "정치인의 평판은 은행 계좌와 같다. 정기적으로 잔액을 확인하고, 입출금을 관리하지 않으면 어느 순간 파산할 수 있다."

E 후보의 체계적인 평판 관리 접근법은 결과적으로 성공적이었다. 선거 기간 동안 그는 어떤 심각한 평판 위기도 경험하지 않았고, 점진적으로 평판 자산을 강화할 수 있었다. 특히 초기에 약점으로 지적되었던 '서민성'에서도 상당한 개선을 이루었다. E 후보는 안정적인 지지율을 바탕으로 당선되었다.

점검체크리스트

- 내 평판의 강점과 약점을 객관적으로 평가할 수 있는 구체적인 지표는 무엇인가?
- 각 디지털 채널별로 내 평판은 어떻게 다르게 나타나며, 어떤 채널이 가장 취약한가?

- 잠재적 평판 위험 요소는 무엇이며, 어떻게 선제적으로 대응할 수 있을까?
- 평판 점검 결과를 일상적인 캠페인 의사결정에 어떻게 효과적으로 통합할 수 있을까?

제5장.

WINER 전략: 보이는 사람이 이기는 이유와 설계 로직

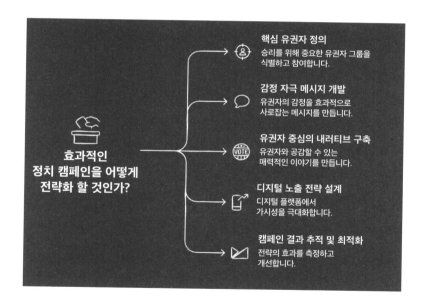

디지털 시대의 정치 캠페인은 단순한 메시지 전달이나 이미지 관리를 넘어 유권자와의 의미 있는 연결을 구축하는 과학적 접근 법을 요구한다. WINER 프레임워크는 이러한 필요에 대응하여 개 발된 종합적인 캠페인 설계 시스템으로, 정치 커뮤니케이션의 전

과정을 전략적으로 설계하고 최적화하기 위한 체계적인 로드맵을 제공한다.

WINER 전략은 다음 다섯 가지 핵심 요소로 구성된다.

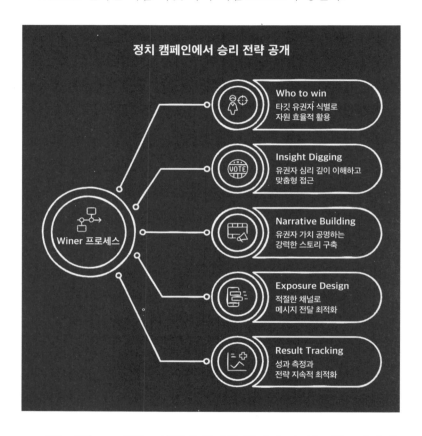

- W - Who to Win: 어떤 유권자를 잡아야 이기는가? - 타깃 유권자 식별을 통한 자원의 효율적 활용과 맞춤형 메시지 개발
- I - Insight Digging: 유권자의 마음을 움직이는 요소는 무엇인가? - 유권자의 표면적 선호 너머의 심층적 심리 이해
- N - Narrative Building: 어떤 스토리로 다가갈 것인가? - 유

권자의 정체성과 가치에 공명하는 강력한 스토리 구축
- E - Exposure Design: 디지털 공간에서 어떻게 보여질 것인가? - 적절한 채널과 시점을 통한 메시지 전달 최적화
- R - Result Tracking: 전략의 효과를 어떻게 측정하고 최적화할 것인가? - 지속적인 성과 측정과 전략 최적화

‖ W - Who to Win:
어떤 유권자를 잡아야 이기는가? ‖

하버드 케네디 스쿨의 "선거 자원 최적화" 연구에 따르면, 명확한 타깃 유권자 전략을 가진 캠페인은 그렇지 않은 캠페인에 비해 평균 1.8배 높은 투자수익률(ROI)을 기록했다. 모든 유권자에게 도달하려는 시도는 제한된 자원의 비효율적 분산을 초래하며, 결정적 영향력을 발휘할 기회를 상실하게 한다.

타깃 유권자 식별 전략은 다음과 같은 구성 요소로 이루어진다:

1. 정밀 유권자 세분화
   - 인구통계학적 특성(연령, 성별, 교육, 소득 등)
   - 지리적 분포와 지역 특성
   - 과거 투표 행태와 정치적 성향
   - 라이프스타일, 가치관, 미디어 소비 패턴
2. 전략적 타깃 우선순위화
   - **핵심 지지층(Core Supporters)**: 확고한 지지 기반

- **설득 가능층(Persuadables)**: 의사결정에 영향받을 수 있는 중간층
- **동원 가능층(Mobilizables)**: 지지하나 투표 참여가 불확실한 층
- **확장 가능층(Expandables)**: 잠재적으로 지지로 전환 가능한 새로운 유권자층

3. 세그먼트별 승리 경로 설계
- 세그먼트별 득표 목표 설정
- 지리적 우선순위 지역 매핑
- 이슈별 영향력 분석
- 커뮤니케이션 채널별 접근성 평가

스탠퍼드 정치 캠페인 연구소의 "세분화 효과성" 연구는 "균질적 메시지로 광범위한 유권자층에 접근하는 전략보다, 3~5개의 핵심 세그먼트에 맞춤형으로 접근하는 전략이 평균 23% 높은 지지율 전환을 달성했다"고 보고했다.

P 후보는 중소도시 시장 선거에서 데이터 분석을 통해 기존 정치적 분류를 넘어선 세 개의 핵심 유권자 세그먼트를 식별했다:

1. **"지역 성장 옹호자"** : 지역 비즈니스 소유자와 경제 개발에 관심 있는 유권자
2. **"지역사회 안전 우선주의자"** : 치안과 생활 안전에 우선순위를 두는 가족 중심 유권자
3. **"문화 정체성 보존가"** : 지역의 역사적 특성과 문화적 정체성 보존에 관심 있는 유권자

P 후보는 이 세 세그먼트에 집중함으로써, 제한된 자원을 효율적으로 사용하고 각 그룹에 맞춤형 메시지를 전달할 수 있었다. 결과적으로 이전 선거보다 12% 높은 지지율을 기록하며 승리했다. 특히 주목할 만한 점은, 세 세그먼트가 전통적인 정치적 분류(보수/진보)를 가로지르며, 이념적 분열을 초월한 연합 구축을 가능하게 했다는 것이다.

실행 TODO 리스트:

- [ ] 선거구 인구통계 데이터 수집 및 분석하기
- [ ] 과거 3회 선거 결과의 지역별, 투표소별 패턴 분석하기
- [ ] 주요 유권자 세그먼트 5~7개 정의하기
- [ ] 세그먼트별 규모 추정 및 우선순위 결정하기
- [ ] 핵심 타깃 세그먼트별 프로필 시트 작성하기
- [ ] 세그먼트별 접근 가능한 커뮤니케이션 채널 식별하기
- [ ] 타깃 유권자 맵을 시각화하고 캠페인 팀과 공유하기
- [ ] 승리를 위한 세그먼트별 득표 목표 수립하기

점검 체크리스트

- 우리 선거구의 유권자를 효과적으로 세분화하기 위한 핵심 변수는 무엇인가?
- 과거 선거 결과를 분석하여 발견할 수 있는 투표 패턴과 기회 영역은?

‖ I - Insight Digging: 유권자의 마음을 움직이는 요소는 무엇인가? ‖

스탠퍼드 정치심리학 연구소의 "유권자 심리 지도" 연구에 따르면, 투표 결정의 약 68%는 정책적 선호보다 정서적·가치적 공명에 기반한다. 표면적 선호와 실제 행동 사이에는 상당한 간극이 존재하며, 이 간극을 이해하는 후보가 더 효과적인 연결을 구축할 수 있다.

심층 인사이트 발굴 전략은 다음과 같은 구성 요소로 이루어진다:

1. 다층적 유권자 심리 분석
   - 명시적 선호와 잠재적 욕구의 간극 탐색
   - 가치 체계와 프레임 분석
   - 문화적 코드와 상징 해독
   - 결정 여정과 영향 지점 매핑

2. 통합적 데이터 삼각측량
   - 정량적 여론조사와 정성적 심층 인터뷰 통합
   - 디지털 행동 데이터와 오프라인 참여 패턴 연계
   - 소셜미디어 감성 분석과 지역 커뮤니티 피드백 조화
   - 역사적 투표 패턴과 현재 이슈 반응 상관관계 분석
3. 맥락적 사회 역학 이해
   - 지역 공동체의 암묵적 규범과 관계 구조 파악
   - 오피니언 리더와 영향력 네트워크 식별
   - 집단 정체성과 소속감 역학 분석
   - 세대 간·계층 간 가치 충돌과 합의점 도출

MIT 행동 정치학 센터의 "선거 심리학" 연구는 "표면적 이슈 반응과 근본적 가치 공명 사이에는 평균 42%의 불일치가 존재하며, 이 간극을 이해하는 후보가 더 효과적인 연결을 구축한다"고 밝혔다.

L 후보는 지방의회 선거에서 심층 인사이트 발굴을 통해 예상을 뒤엎는 승리를 거두었다. 표준적인 여론조사에서는 지역 경제 발전이 최우선 이슈로 나타났지만, L 후보의 팀이 수행한 심층 인터뷰와 "공감적 현장 몰입" 방법론은 더 깊은 층위의 우려를 드러냈다:

표면적으로는 "일자리 창출"을 원한다고 말했지만, 심층적으로는 "지역사회의 미래에 대한 집단적 불안"과 "다음 세대가 떠나가는 것에 대한 두려움"이 존재했다. L 후보는 이 통찰을 바탕으로 단순한 경제 계획이 아닌, "세대를 잇는 지역 회복력"이라는 프레임으로 접근했다.

또한, 소셜미디어 분석을 통해 지역 주민들이 외부인에게는 드러내지 않는 "조용한 자부심"의 원천(역사적 건물, 지역 축제, 장인 전통)을 발견하고, 이를 캠페인 메시지와 시각적 정체성에 통합했다. 이는 공식 여론조사에서는 포착되지 않았던 정서적 연결점이었다.

실행 TODO 리스트:

- [ ] 심층 인터뷰 프로토콜 개발하기 (6~8명의 다양한 유권자 대표 샘플)
- [ ] 지역 커뮤니티 몰입 계획 수립하기 (현장 방문, 참여 관찰)
- [ ] 소셜미디어 감성 분석 도구 설정하기
- [ ] 핵심 유권자 세그먼트별 가치 맵 작성하기
- [ ] 지역 오피니언 리더 네트워크 시각화하기
- [ ] 명시적 관심사와 잠재적 동기의 간극 분석하기
- [ ] 주요 이슈에 대한 프레임 분석 워크숍 진행하기
- [ ] 발견된 인사이트를 캠페인 전략에 통합하는 세션 개최하기

점검 체크리스트

- 우리 지역 유권자들이 공개적으로 표현하는 관심사와 잠재적으로 가진 동기 사이의 간극은 무엇인가?
- 디지털 공간과 오프라인 공간에서 유권자들의 행동 패턴에 어떤 차이가 있는가?

- 지역 사회에서 가장 영향력 있는 공식적/비공식적 네트워크와 그 역학은 무엇인가?
- 다양한 유권자 세그먼트가 주요 이슈를 어떻게 다르게 프레임하고 있는가?
- 우리 지역만의 독특한 문화적 코드와 상징은 무엇이며, 이를 어떻게 활용할 수 있는가?

‖ N - Narrative Building: 어떤 스토리로 다가갈 것인가? ‖

콜롬비아 대학의 "정치적 스토리텔링" 연구는 "정체성과 공명하는 내러티브는 정책 제안보다 평균 3.7배 높은 기억률과 2.4배 높은 설득력을 보인다"고 분석했다. 효과적인 정치적 내러티브는 유권자의 정체성과 가치관에 연결되며, 변화에 대한 희망과 가능성의 경로를 제시한다.

내러티브 구축 전략은 다음과 같은 구성 요소로 이루어진다:

1. 공명적 가치 프레임 설계
   - 지역 공동체의 핵심 가치와 공유된 열망 식별
   - 보편적 인간 경험과 지역적 특수성의 연결
   - 추상적 이상과 구체적 현실의 교차점 탐색
   - 정치적 분열을 넘어선 공통 기반 구축

2. 변혁적 스토리라인 개발
- 집단적 도전과 가능성의 진정성 있는 인정
- 의미 있는 변화의 비전과 실현 가능한 경로 제시
- 유권자를 수동적 청중이 아닌 변화의 주체로 위치시킴
- 개인적 여정과 집단적 서사의 유기적 통합

3. 적응형 메시지 에코시스템 구축
- 핵심 내러티브와 맥락별 변형의 일관된 체계 설계
- 다양한 청중 세그먼트를 위한 맞춤형 진입점 개발
- 이성적 논거와 정서적 연결의 균형 있는 통합
- 비판과 반론을 예상한 내러티브 회복력 설계

프린스턴 공공정책 연구소의 "설득적 내러티브" 연구에 따르면, "가장 효과적인 정치적 스토리텔링은 청중이 이미 알고 있는 것에서 시작하여, 새로운 가능성을 향한 인지적·정서적 다리를 구축한다."

K 후보는 지역구 의회 선거에서 강력한 내러티브 전략을 통해 지지율을 크게 높였다. 그녀의 캠페인은 지역이 직면한 경제적 어려움을 숨기지 않고 인정하면서, "우리 손으로 만드는 새로운 번영"이라는 핵심 내러티브를 개발했다.

이 내러티브는 지역의 제조업 유산과 장인 정신을 새로운 디지털 경제 기회와 연결하는 "다리 놓기" 프레임을 사용했다. K 후보는 자신의 개인적 이야기(지역 제조업 가정에서 태어나 기술 기업에서 일한 경험)를 지역 공동체의 잠재적 경로에 대한 은유로 활용했다.

특히 효과적이었던 것은 "기억의 지혜, 변화의 용기"라는 부제였는데, 이는 전통적 가치를 존중하는 보수적 유권자와 변화를 원하는 진보적 유권자 모두에게 공명할 수 있는 교차점을 제공했다. 이는 K 후보가 개발한 "이중 공명 원칙"의 적용으로, 모든 내러티브 요소가 지역의 구체적 현실과 공명하는 동시에, 보편적 인간 가치와도 연결되도록 설계했다.

실행 TODO 리스트:

- [ ] 캠페인의 핵심 가치 3~5개 정의하기
- [ ] 후보자의 개인적 이야기에서 공감할 수 있는 요소 추출하기
- [ ] 지역 공동체의 집단적 서사와 정체성 요소 매핑하기
- [ ] 핵심 내러티브 문장과 태그라인 개발하기
- [ ] 주요 유권자 세그먼트별 맞춤형 메시지 변형 만들기
- [ ] 핵심 정책 제안을 스토리 형식으로 재구성하기
- [ ] 예상되는 반론과 비판에 대한 내러티브 방어 전략 수립하기
- [ ] 내러티브 일관성을 유지하기 위한 캠페인 가이드라인 작성하기

점검 체크리스트

- 우리 지역 공동체의 집단적 정체성을 구성하는 핵심 이야기와 상징은 무엇인가?
- 후보자의 개인적 경험과 지역 공동체의 도전/열망을 연결하는 진정성 있는 방법은?

- 다양한 정치적 성향의 유권자들에게 공통적으로 공명할 수 있는 가치의 교차점은?
- 복잡한 정책 아이디어를 기억에 남는 스토리 형식으로 전환하는 효과적인 방법은?
- 우리 캠페인 내러티브에 대한 예상 반론과 이를 극복하기 위한 프레이밍 전략은?

‖ E - Exposure Design:
디지털 공간에서 어떻게 보여질 것인가? ‖

하버드 디지털 정치연구소의 "멀티채널 정치 커뮤니케이션" 연구에 따르면, "메시지 영향력은 내용 자체보다 전달 맥락과 시점에 의해 평균 58% 더 크게 좌우된다." 디지털 시대에는 단순히 좋은 메시지를 만드는 것을 넘어, 그 메시지가 적절한 시점에 적절한 맥락에서 적절한 형식으로 전달되도록 보장하는 전략적 설계가 필수적이다.

노출 설계 전략은 다음과 같은 구성 요소로 이루어진다:

1. 옴니채널 접근 경로 최적화
   - 다양한 유권자 세그먼트의 미디어 소비 패턴 매핑
   - 온라인-오프라인 접점의 통합적 설계

- 채널별 최적 메시지 형식과 톤 조정
- 접근성과 포용성을 고려한 다중 경로 확보

2. 리듬적 노출 오케스트레이션
- 캠페인 내러티브의 전략적 전개 곡선 설계
- 주요 시점과 기회의 식별 및 활용
- 반복과 변주의 균형을 통한 메시지 강화
- 유권자 피로도와 수용성을 고려한 노출 패턴 조정

3. 증폭 네트워크 활성화
- 자발적 메시지 전파자 커뮤니티 구축
- 신뢰받는 중재자와의 전략적 협력 관계 형성
- 유기적 입소문 확산을 위한 공유 가능 경험 설계
- 지역 영향력자와 공식 미디어의 상보적 활용

스탠퍼드 정치 커뮤니케이션 연구소의 "정보 흐름 역학" 연구는 "직접적 노출보다 신뢰받는 매개자를 통한 간접적 노출이 태도 변화에 약 2.3배 더 효과적"임을 보여주었다.

T 후보는 시의원 선거에서 제한된 예산에도 불구하고 혁신적인 노출 설계로 큰 주목을 받았다. 그는 디지털 공간과 물리적 공간을 연결하는 "융합 노출 전략"을 개발했다.

예를 들어, 지역 상점 창문에 QR 코드가 포함된 포스터를 배치하고, 이를 스캔하면 해당 상점과 관련된 지역 경제 활성화 계획의 구체적 내용을 담은 맞춤형 디지털 콘텐츠로 연결되도록 했다. 이는 일상적 경로에서의 물리적 노출과 깊이 있는 디지털 참여를 결합했다.

또한 T 후보는 "공명적 순간" 전략을 개발했다. 그는 단순히 일정 기간 동안 메시지를 전달하는 대신, 유권자의 집단적 경험과 공명하는 특정 순간들을 식별하고 이를 중심으로 통합적 커뮤니케이션 캠페인을 설계했다. 예를 들어, 지역 전통 축제 기간에는 문화적 유산과 미래 비전을 연결하는 메시지가 다양한 채널을 통해 조화롭게 전달되었다.

실행 TODO 리스트:

- [ ] 타깃 유권자 세그먼트별 미디어 소비 패턴 분석하기
- [ ] 디지털 및 물리적 접점 인벤토리 작성하기
- [ ] 채널별 콘텐츠 형식과 톤 가이드라인 개발하기
- [ ] 캠페인 기간 타임라인에 따른 메시지 전개 곡선 설계하기
- [ ] 주요 증폭자 및 영향력자 네트워크 구축 계획 수립하기
- [ ] 채널 간 메시지 조화와 상호 강화를 위한 통합 달력 만들기
- [ ] 디지털-물리적 경험을 연결하는 크로스채널 전술 개발하기
- [ ] 메시지 도달 범위와 참여도를 측정할 추적 시스템 설정하기

점검 체크리스트

- 우리 타깃 유권자들이 가장 활발하게 이용하고 신뢰하는 정보 채널 조합은 무엇인가?
- 온라인 공간과 오프라인 공간의 메시지 경험을 효과적으로 연결하는 방법은?

- 제한된 예산으로 최대한의 유의미한 노출을 창출하기 위한 전략적 우선순위는?
- 캠페인 기간 동안 유권자 관심과 참여를 유지하기 위한 최적의 메시지 리듬은?
- 지역 내 존재하는 자연적 증폭 네트워크를 식별하고 활성화하는 방법은?

‖ R - Result Tracking: 전략의 효과를 어떻게 측정하고 최적화할 것인가? ‖

평판 지표와 성과지표 구분하기

"디지털 캠페인의 성공을 측정하려면, 단순한 노출과 참여를 넘어 실질적인 정치적 성과로 이어지는 지표를 식별하고 추적해야 합니다. 모든 숫자가 동등한 가치를 갖는 것은 아닙니다."

서울의 한 시장 선거에서 A 후보는 소셜미디어 지표에 과도하게 집중했다. 그는 팔로워 수, 좋아요 수, 댓글 수 등의 지표를 캠페인 성공의 핵심 증거로 간주했다. 그의 팀은 이러한 숫자를 높이는 데 집중했지만, 이것이 실제 정치적 지지와 투표 행동으로 이어지는지 파악하지 못했다.

반면, 같은 선거에서 B 후보는 "계층적 성과 측정" 전략을 개발했다. 이는 표면적인 참여 지표부터 실질적인 정치적 성과까지 연결하는 체계적인 측정 접근법이었다.

MIT 정치 데이터 연구소의 "디지털 캠페인 ROI" 연구에 따르면, 모든 디지털 지표 중 실제 선거 결과와 가장 높은 상관관계를 보이는 것은 참여 깊이와 행동 전환율이었다. 반면, 단순 노출과 팔로워 수는 가장 낮은 예측력을 보였다.

B 후보의 계층적 성과 측정 전략은 다음과 같은 요소로 구성되었다:

1. 다층 지표 피라미드 설계
   - **기초 지표**: 노출, 도달, 인지도 (인식 단계)
   - **중간 지표**: 참여, 공유, 댓글, 지속시간 (관심 단계)
   - **고급 지표**: 메시지 회상, 지지 표명, 옹호 활동 (전환 단계)
   - **핵심 지표**: 자원봉사, 기부, 투표 서약, 투표 (행동 단계)
2. 전환 흐름 추적 시스템
   - 인식→관심→전환→행동으로 이어지는 경로 매핑
   - 단계별 전환율 및 이탈 지점 분석
   - 유권자 세그먼트별 전환 경로 차이 식별
   - 전환 장벽 및 촉진제 평가
3. 디지털-실물 연결 측정
   - 온라인 활동과 오프라인 행동의 상관관계 분석
   - 디지털 캠페인이 야기한 실제 활동 추적
   - 디지털 접점에서 물리적 접점으로의 흐름 측정
   - 통합 유권자 여정 분석
4. 귀인 모델링 및 가치 평가
   - 채널별 기여도 분석 모델 개발

- 접점 가중치 및 시간 감소 요소 적용
- 유권자 습득 및 유지 비용 계산
- 채널 및 메시지별 ROI 평가

스탠퍼드 행동 분석 연구소의 "정치적 행동 예측" 연구에 따르면, 디지털 활동이 투표 행동으로 이어질 가능성은 참여의 깊이와 직접적 상관관계가 있다. 소극적 소비(읽기, 보기)는 5% 미만의 행동 전환율을 보인 반면, 적극적 참여(댓글, 공유, 자원봉사 신청)는 최대 48%의 행동 전환율을 보였다.

특히 주목할 만한 것은 B 후보의 "신호 분리" 접근법이었다. 그는 모든 지표를 '허영 지표'(vanity metrics)와 '행동 예측 지표'(action-predictive metrics)로 분류했다. 허영 지표는 인상적으로 보이지만 실제 정치적 결과와 상관관계가 낮은 숫자들(예: 총 팔로워 수, 누적 동영상 조회 수)이었고, 행동 예측 지표는 실제 투표 행동과 높은 상관관계를 보이는 지표들(예: 콘텐츠 완료율, 자원봉사 전환율, 반복 방문자 비율)이었다. 그는 팀 전체가 허영 지표에 현혹되지 않고 행동 예측 지표에 집중하도록 했다.

또한 B 후보는 "다중 접점 귀인" 모델을 개발했다. 이는 유권자가 후보자 지지 결정에 이르기까지 여러 채널과 메시지에 노출되는 복잡한 과정을 추적하는 방법이었다. 그는 마지막 접점만이 아니라 전체 유권자 여정에 걸친 모든 접점의 기여도를 평가했다. 이를 통해 그는 표면적으로는 눈에 띄지 않지만 유권자 결정에 중대한 영향을 미치는 '조용한 공헌자' 채널과 메시지를 식별할 수 있었다.

디지털 분석 전문가 아비나시 캐울은 이렇게 말했다: "정치 캠페인의 가장 위험한 함정은 쉽게 측정할 수 있는 것만 측정하고, 정말 중요한 것은 무시하는 것이다. 진정한 통찰은 숫자 너머의 의미를 찾는 데서 온다."

B 후보의 계층적 성과 측정 전략은 놀라운 효과를 보였다. 그는 제한된 캠페인 예산을 가장 높은 ROI를 보이는 채널과 메시지에 집중함으로써, 경쟁 후보보다 27% 더 효율적인 자원 활용을 달성했다. 특히, 그는 투표 가능성이 높은 유권자 세그먼트에 대한 전환율을 38% 향상시켰다. 그의 팀은 데이터에 기반한 자원 배분 최적화를 통해 한정된 예산으로도 최대의 정치적 영향력을 창출했다.

트래킹 도구와 리포트 구조 설계

"효과적인 캠페인 측정은 적절한 도구 선택과 체계적인 리포트 구조에서 시작됩니다. 올바른 데이터를 수집하고, 의미 있게 구조화하며, 행동 가능한 통찰로 변환하는 시스템이 필요합니다."

경기도의 한 국회의원 보궐선거에서 C 후보는 단편적이고 비체계적인 데이터 추적 방식을 사용했다. 그의 팀은 여러 플랫폼에서 수동으로 데이터를 수집했고, 일관된 분석 프레임워크 없이 개별 보고서를 작성했다. 결과적으로 그들은 데이터를 수집하는 데는 많은 시간을 썼지만, 그것을 전략적 의사결정에 활용하지는 못했다.

반면, 같은 선거에서 D 후보는 "통합 측정 인프라" 전략을 개발했다. 이는 데이터 수집부터 분석, 보고, 그리고 의사결정까지 하나의 일관된 시스템으로 연결하는 체계적인 접근법이었다.

하버드 디지털 캠페인 연구소의 "데이터 기반 캠페인" 연구에 따르면, 체계적인 측정 시스템을 갖춘 캠페인은 그렇지 않은 캠페인보다 자원 배분의 효율성에서 41%, 전략적 적응력에서 52% 더 높은 성과를 보였다.

D 후보의 통합 측정 인프라 전략은 다음과 같은 요소로 구성되었다:

1. 다층 측정 도구 생태계
   - **기본 분석**: 플랫폼 내장 분석 도구(페이스북 인사이트, 구글 애널리틱스 등)
   - **통합 분석**: 크로스 플랫폼 데이터 통합 도구
   - **고급 분석**: 커스텀 추적 및 분석 솔루션
   - **실시간 모니터링**: 대시보드 및 알림 시스템
   - **체계적 리포트 구조**
   - **일간 펄스 리포트**: 핵심 지표 변화와 특이점 집중
   - **주간 트렌드 리포트**: 패턴, 추세, 기회 영역 식별
   - **월간 전략 리포트**: 심층 분석 및 전략적 권장 사항
   - **이슈 기반 특별 분석**: 특정 사안이나 기회에 대한 집중 분석
2. 데이터-의사결정 연결 프로세스
   - 데이터 리뷰 회의 정례화
   - 발견점 기반 행동 계획 템플릿
   - 의사결정 시나리오와 데이터 트리거 연결
   - 실험 및 학습 사이클 구조화
3. 적응형 측정 프레임워크
   - 캠페인 단계별 핵심 지표 전환

- 상황 변화에 따른 측정 우선순위 조정
- 새로운 채널 및 전술의 통합 측정 방안
- 측정 시스템 자체의 효과성 평가

MIT 디지털 전략 센터의 "데이터 활용 격차" 연구에 따르면, 정치 캠페인에서 수집되는 데이터의 평균 75%가 실제 의사결정에 활용되지 않는다. 이러한 '분석 마비' 현상의 주요 원인은 너무 많은 데이터, 명확한 우선순위 부재, 그리고 데이터와 행동 간의 연결 고리 부재였다.

특히 주목할 만한 것은 D 후보의 "행동 가능한 통찰" 접근법이었다. 그는 모든 데이터 리포트가 세 가지 요소—발견점(관찰된 데이터 패턴), 통찰(그 의미), 행동 계획(다음 단계)—를 반드시 포함하도록 했다. 이를 통해 팀원들은 단순히 숫자를 보고하는 것이 아니라, 그 숫자가 의미하는 바와 그에 따른 행동 방향을 함께 제시했다. 이는 데이터가 의사결정으로 자연스럽게 이어지도록 했다.

피드백 루프를 만드는 법

"성공적인 캠페인은 단방향 메시지 전달이 아닌, 지속적인 피드백과 적응의 순환 구조에 기반합니다. 유권자의 반응을 체계적으로 수집하고, 해석하며, 이에 적응하는 시스템이 승리의 열쇠입니다."

충청북도의 한 도지사 선거에서 E 후보는 전통적인 단방향 커뮤니케이션 모델을 사용했다. 그는 사전에 수립한 메시지와 전략을 고수하며, 유권자 반응에 기반한 조정은 거의 하지 않았다. 선거가 진행됨에 따라 그의 캠페인은 변화하는 상황과 유권자 니즈에 적응하지 못하고 경직되었다.

반면, 같은 선거에서 F 후보는 "적응형 피드백 시스템" 전략을 개발했다. 이는 유권자 반응을 지속적으로 수집, 분석하고, 이를 기반으로 전략과 전술을 신속하게 조정하는 체계적인 접근법이었다.

스탠퍼드 적응형 시스템 연구소의 "선거 캠페인 민첩성" 연구에 따르면, 강력한 피드백 루프를 가진 캠페인은 그렇지 않은 캠페인보다 변화하는 상황에 대한 적응력이 3.7배 높았으며, 이는 특히 예상치 못한 위기나 기회가 발생했을 때 결정적인 우위를 제공했다.

F 후보의 적응형 피드백 시스템 전략은 다음과 같은 요소로 구성되었다:

- 다층적 피드백 수집 메커니즘
- 실시간 디지털 반응 모니터링 (댓글, 감정, 참여 패턴)
- 구조화된 유권자 피드백 채널 (설문, 포럼, 핫라인)
- 현장 팀 인사이트 수집 시스템
- 간접 신호 분석 (검색 트렌드, 소셜 멘션, 미디어 커버리지)
- 통합 피드백 분석 프레임워크
- 정량적·정성적 데이터 통합 분석
- 패턴 및 이상점 식별 메커니즘
- 유권자 세그먼트별 반응 차이 분석
- 피드백 우선순위화 및 영향 평가
- 전략적 대응 체계
- 피드백 유형별 대응 프로토콜

- 신속 대응팀 구성 및 권한 체계
- 메시지-전술-전략 수준별 조정 프로세스
- 학습 기반 예방적 적응 메커니즘

실행 TODO 리스트:

[ ] 인식-관심-전환-행동 단계별 핵심 지표 정의하기

[ ] 허영 지표와 행동 예측 지표 분류하기

[ ] 전환 흐름 추적을 위한 데이터 수집 시스템 구축하기

[ ] 유권자 세그먼트별 전환 경로 분석 프레임워크 개발하기

[ ] 디지털 활동과 오프라인 행동 연결을 위한 추적 메커니즘 설계하기

[ ] 다중 접점 귀인 모델 개발하기

[ ] 채널 및 메시지별 ROI 계산 방법론 수립하기

[ ] 주간/월간 성과 분석 리포트 템플릿 만들기

[ ] 피드백 유형별 대응 프로토콜 개발하기

[ ] 데이터 기반 의사결정을 위한 팀 교육 계획 수립하기

점검 체크리스트

- 우리 캠페인에서 가장 중요한 성과 지표는 무엇이며, 이를 어떻게 측정할 수 있을까?
- 허영 지표와 진정한 성과 지표를 어떻게 구분할 수 있을까?
- 우리 캠페인에서 가장 중요한 성과 지표는 무엇이며, 이를 어떻게 측정할 수 있을까?

요소들 간의 일관성과 통합성은 개별 요소의 질보다 더 강력한 성과 예측 변수"이다. 즉, 모든 요소가 명확한 전략적 방향성을 중심으로 조화롭게 작동할 때 가장 강력한 영향력이 발휘된다.

C 후보는 WINER 프레임워크를 통합적으로 적용하여, 초기 여론조사에서 15% 차이로 뒤처진 상태에서 7% 차이로 승리하는 극적인 역전을 이루었다. 그의 캠페인은 "회복력 있는 미래 공동체"라는 핵심 내러티브를 중심으로, 모든 커뮤니케이션과 활동이 일관되게 통합되었다.

특히 주목할 만한 것은 "적응적 일관성"의 원칙이었다. C 후보 팀은 상황 변화에 따라 전술을 유연하게 조정하면서도, 핵심 전략적 방향성과 내러티브 일관성을 유지했다. 이는 변화하는 환경에서 방향성을 잃지 않으면서도 민첩하게 대응할 수 있는 균형을 제공했다.

정치 전략 전문가 제니퍼 오말리는 이렇게 말했다: "디지털 시대의 정치 캠페인은 과학과 예술의 결합이다. 데이터와 시스템적 접근법은 과학을 제공하지만, 이를 의미 있게 연결하고 영감을 주는 스토리텔링의 예술이 없다면 마음을 움직일 수 없다."

WINER 프레임워크는 이러한 과학과 예술의 균형을 제공하며, 디지털 평판 전쟁에서의 체계적인 승리 전략을 구축하기 위한 실용적인 로드맵이다. 이는 단순한 기술적 솔루션이나 전술적 접근법을 넘어, 유권자와의 의미 있는 연결을 구축하기 위한 종합적인 전략적 사고 체계를 제공한다.

결국, 디지털 평판 전쟁에서 승리하는 후보는 단순히 많은 콘텐츠를 생산하거나 최신 플랫폼을 활용하는 후보가 아니라, 전략적 사고와 체계적인 실행, 그리고 지속적인 학습과 적응을 통합한 과학적 접근법을 구현하는 후보다.

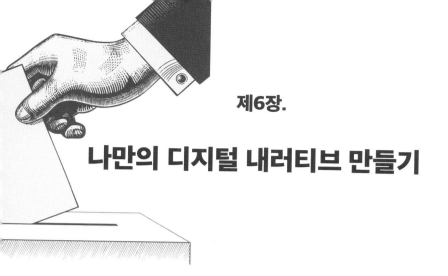

제6장.

나만의 디지털 내러티브 만들기

‖ 정치적 캐릭터란 무엇인가? ‖

"당신은 단순한 후보자가 아니라, 유권자의 마음속에 살아있는 캐릭터입니다. 그 캐릭터는 어떤 이야기를 들려주고 있나요?"

대구의 한 시장 선거에서 F 후보는 이 질문에 깊이 천착했다. 그는 광고 크리에이티브 디렉터 출신으로, 강력한 캐릭터의 중요성을 잘 이해하고 있었다.

F 후보의 첫 작업은 자신의 "정치적 캐릭터"를 정의하는 것이었다. 정치적 캐릭터란 유권자의 마음속에 형성되는 후보자의 정체성으로, 단순한 이미지나 슬로건을 넘어 감정적 연결과 스토리텔링의 기반이 된다.

USC 어넌버그 커뮤니케이션 스쿨의 "정치적 캐릭터 이론"에 따르면, 효과적인 정치적 캐릭터는 다음 세 가지 요소를 균형 있게 갖추어야 한다:

1. **진정성(Authenticity)**: 후보자의 실제 정체성과 가치관
2. **공감성(Relatability)**: 유권자와의 정서적 연결과 공통점
3. **독특성(Distinctiveness)**: 다른 후보자와 차별화되는 특성

F 후보는 자신의 캐릭터를 "현실적 혁신가"로 정의했다. 이는 그의 진정한 강점(기업가로서의 혁신적 사고방식)과 유권자들의 니즈(실현 가능한 현실적 변화)를 결합한 것이었다. 또한 그것은 "이상적 비전가"와 "실용적 관리자"라는 경쟁 후보들의 캐릭터와 명확히 차별화되었다.

F 후보의 캠프는 이 캐릭터를 중심으로 모든 커뮤니케이션을 정렬했다. 그의 언어, 의상, 시각적 아이덴티티, 정책 프레이밍 모두가 "현실적 혁신가" 캐릭터를 강화하도록 설계되었다.

하버드 정치심리학 연구소의 연구에 따르면, 일관된 정치적 캐릭터를 가진 후보자는 유권자의 정보 처리와 기억에 뚜렷한 이점을 갖는다. 유권자들은 명확한 캐릭터를 가진 후보자의 메시지를 41% 더 잘 기억하고, 그 메시지를 캐릭터와 일치하는 방향으로 해석하는 경향이 있다.

특히 흥미로운 것은 F 후보의 "캐릭터 역설(Character Paradox)" 접근법이었다. 그는 자신의 캐릭터에 의도적으로 대비되는 요소를 포함시켰다. 예를 들어, 혁신가로서의 대담함과 함께 가족을 중시하는 전통적 가치를 강조했다. 이러한 역설적 조합은 그의 캐릭터를 더욱 입체적이고 기억에 남게 만들었다.

스토리텔링 전문가 로버트 맥키는 "가장 강력한 캐릭터는 단순한 고정관념이 아니라, 내면의 모순과 긴장을 가진 캐릭터"라고 말

한다. 이 원칙은 정치적 캐릭터에도 적용된다.

F 후보의 캐릭터 전략은 특히 디지털 공간에서 효과적이었다. 소셜미디어에서 그는 "현실적 혁신가"의 다양한 측면을 보여주는 콘텐츠 시리즈를 개발했다. #혁신현장리포트에서는 지역의 혁신적 기업과 프로젝트를 소개했고, #현실적대안에서는 실현 가능한 정책 아이디어를 제시했다.

정치 커뮤니케이션 전문가 앤 콤튼은 이렇게 말했다. "디지털 시대에는 정책보다 캐릭터가 더 중요하다. 유권자들은 당신이 무엇을 하는지보다 당신이 누구인지에 더 관심이 있다."

F 후보의 명확하고 일관된 캐릭터 전략은 큰 효과를 발휘했다. 선거 전 인식 조사에서 유권자들은 그를 "혁신적이면서도 현실적인", "새로운 아이디어가 있는" 후보로 일관되게 묘사했다. 이러한 선명한 캐릭터는 그의 메시지가 혼잡한 정보 환경에서도 돋보이게 했고, 결국 선거에서 승리로 이어졌다.

점검체크리스트

- 내 정치적 캐릭터의 핵심 요소(진정성, 공감성, 독특성)는 각각 무엇인가?
- 내 캐릭터가 유권자의 마음속에 선명하고 기억에 남도록 하는 방법은 무엇인가?
- 내 캐릭터에 역설적 요소나 의도적 긴장을 추가하여 더 입체적으로 만들 수 있을까?

> • 디지털 공간에서 내 캐릭터의 다양한 측면을 어떻게 효과적
> 으로 보여줄 수 있을까?

‖ 내러티브 기반의 메시지 구조 ‖

"유권자들은 정책 목록이 아니라, 이야기를 기억합니다. 당신의 메시지는 어떤 이야기를 들려주고 있나요?"

많은 후보자가 자신의 정책과 공약을 나열하는 데 집중한다. 그러나 인간의 뇌는 리스트보다 내러티브를 더 잘 기억하고 공감한다. 이것이 바로 내러티브 기반 메시지 구조의 핵심 원칙이다.

강원도의 한 도지사 선거에서 G 후보는 이 원칙을 완벽하게 이해하고 있었다. 그는 소설가 출신으로, 스토리텔링의 힘을 잘 알고 있었다.

G 후보의 첫 작업은 자신의 "중심 내러티브(Core Narrative)"를 정의하는 것이었다. 중심 내러티브란 후보자의 모든 메시지와 정책을 하나로 엮는 일관된 이야기 구조다.

스탠퍼드 내러티브 연구소의 "정치적 내러티브 프레임워크"에 따르면, 효과적인 정치 내러티브는 다음 다섯 가지 요소를 포함한다:

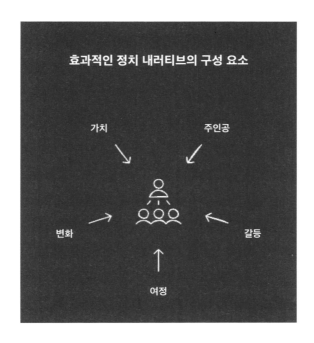

효과적인 정치 내러티브의 구성 요소

가치 주인공

변화 갈등

여정

1. **주인공(Hero)**: 이야기의 중심인물(유권자, 지역사회, 때로는 후보자 자신)
2. **갈등(Conflict)**: 주인공이 직면한 문제나 도전
3. **여정(Journey)**: 문제 해결을 위한 과정과 경험
4. **변화(Transformation)**: 여정을 통한 긍정적 변화의 가능성
5. **가치(Values)**: 이야기 전체에 깔린 핵심 가치와 신념

G 후보는 "잃어버린 영광을 되찾는 강원도"라는 중심 내러티브를 개발했다. 이 내러티브에서 주인공은 강원도 주민들이고, 갈등은 경제적 침체와 인구 감소였다. 여정은 지역의 고유한 자연과 문화를 활용한 새로운 발전 모델이었고, 변화는 일자리 창출과 지역

활성화였다. 그리고 모든 이야기의 기반에는 '지역 자부심'과 '지속가능성'이라는 핵심 가치가 있었다.

하버드 비즈니스 리뷰의 "내러티브 경제학" 연구에 따르면, 내러티브 구조로 제시된 정보는 사실과 통계로만 제시된 정보보다 22배 더 잘 기억되고, 감정적 반응을 5배 더 강하게 유발한다.

G 후보의 캠프는 모든 정책과 메시지를 이 중심 내러티브에 연결했다. 관광 개발 정책은 "잃어버린 자연의 보물을 세계에 알리는" 이야기가 되었고, 청년 일자리 정책은 "고향으로 돌아오는 젊은이들의" 이야기가 되었다. 복잡한 정책도 이야기의 일부로 제시되면 유권자들이 더 쉽게 이해하고 기억했다.

특히 주목할 만한 것은 G 후보의 "개인 스토리 아카이브" 전략이었다. 그는 캠페인 전반에 걸쳐 지역 주민들의 실제 이야기를 수집하고, 이를 자신의 정책 메시지와 연결했다. 예를 들어, 폐광 후 관광업으로 성공적으로 전환한 마을의 이야기는 그의 경제 다각화 정책의 생생한 사례가 되었다.

USC 어넌버그 스쿨의 연구에 따르면, 추상적 정책을 구체적 인간 이야기와 결합할 때, 메시지의 설득력이 63% 증가한다. 유권자들은 숫자와 계획보다 사람과 이야기에 더 강하게 반응한다.

G 후보의 내러티브 접근법은 디지털 공간에서 특히 효과적이었다. 그의 소셜미디어는 강원도 각 지역의 주민 이야기를 연재물로 공유했고, 그의 유튜브 채널은 "새로운 강원도 이야기"라는 시리즈로 정책을 설명했다. 각 콘텐츠는 독립적으로도 의미가 있었지만, 전체 내러티브의 일부로서 더 큰 힘을 발휘했다.

정치 커뮤니케이션 전문가 마셜 건즈는 이렇게 말했다. "정치는 본질적으로 경쟁하는 이야기들의 충돌이다. 더 강력하고 공감되는 이야기를 가진 후보가 승리한다."

　G 후보의 내러티브 기반 메시지 전략은 강한 공감과 지지를 얻었다. 특히 디지털 공간에서 그의 콘텐츠는 높은 공유율과 참여도를 기록했다. 유권자들은 단순한 지지를 넘어, 그의 이야기에 자신을 투영하고 감정적으로 연결되었다. G 후보는 solid margin으로 당선되었다.

점검 체크리스트

- 내 정치 메시지의 중심 내러티브는 무엇이며, 여기에 영웅, 갈등, 여정, 변화, 가치의 요소가 모두 포함되어 있는가?
- 내 정책과 공약이 단순한 나열이 아닌 일관된 이야기로 연결되고 있는가?
- 유권자들의 실제 이야기를 내 메시지에 어떻게 효과적으로 통합할 수 있을까?
- 디지털 공간에서 내 내러티브의 다양한 측면을 어떻게 일관되면서도 다채롭게 표현할 수 있을까?

‖ 이미지 설정: 시각적 언어의 힘 ‖

"디지털 시대에는 천 마디 말보다 한 장의 이미지가 더 강력합니다. 당신의 시각적 언어는 무엇을 말하고 있나요?"

많은 후보자가 메시지의 내용에만 집중하고, 그것이 어떻게 시각적으로 표현되는지 간과한다. 그러나 디지털 공간에서는 시각적 언어가 텍스트보다 더 즉각적이고 강력한 영향을 미친다.

전남의 한 도의원 선거에서 H 후보는 이 원칙을 깊이 이해하고 있었다. 그는 시각 디자이너 출신으로, 이미지의 힘과 시각적 브랜딩의 중요성을 잘 알고 있었다.

H 후보의 첫 작업은 자신의 "시각적 아이덴티티 시스템(Visual Identity System)"을 개발하는 것이었다. 이는 단순한 로고나 색상 선택을 넘어, 그의 모든 시각적 커뮤니케이션을 일관되게 만드는 체계적인 접근법이었다.

MIT 미디어랩의 "정치적 시각 언어" 연구에 따르면, 효과적인 정치 캠페인의 시각적 아이덴티티는 다음 다섯 가지 요소를 균형 있게 갖추어야 한다:

- **상징성(Symbolism)**: 후보자의 가치와 비전을 상징하는 시각 요소
- **차별성(Differentiation)**: 경쟁 후보와 시각적으로 구별되는 특성
- **일관성(Consistency)**: 모든 접점에서 유지되는 시각적 통일성
- **유연성(Flexibility)**: 다양한 매체와 맥락에 적응할 수 있는 능력
- **공감성(Relatability)**: 유권자와 정서적으로 연결되는 친근함

H 후보는 "자연과 혁신의 조화"를 자신의 시각적 테마로 선택했

다. 그의 주요 색상은 전통적인 정당 색상 대신, 지역의 대표적인 자연환경(바다와 산)에서 영감을 받은 청록색 그라데이션이었다. 그의 로고는 전통적인 문양과 현대적 디자인을 결합한 것으로, 그의 "전통과 혁신의 균형" 메시지를 시각적으로 표현했다.

특히 주목할 만한 것은 H 후보의 "시각적 스토리텔링 그리드" 시스템이었다. 그는 자신의 모든 시각 자료를 일관된 그리드 시스템에 맞추어 디자인했다. 이를 통해 다양한 콘텐츠가 서로 다르게 보이면서도 같은 '시각적 언어'로 말하는 효과를 얻을 수 있었다.

컬럼비아 대학의 "디지털 정치 이미지" 연구에 따르면, 정치인의 시각적 이미지는 크게 세 가지 차원에서 유권자에게 영향을 미친다: 인식적 차원(즉각적 인지와 기억), 감정적 차원(정서적 반응), 그리고 연상적 차원(연결되는 개념과 가치).

H 후보는 이 세 차원 모두를 고려한 시각 전략을 수립했다. 인식적 차원에서는 높은 명쾌성과 간결성을 위해 모든 디자인 요소를 최적화했다. 감정적 차원에서는 지역의 자연환경과 연결된 색상과 이미지를 사용해 정서적 공감대를 형성했다. 연상적 차원에서는 혁신과 성장을 상징하는 요소들을 일관되게 포함시켰다.

디지털 공간에서 H 후보의 시각적 언어는 특히 효과적이었다. 그의 인스타그램은 철저히 계획된 그리드 레이아웃으로 통일성 있는 피드를 구성했고, 페이스북과 유튜브 썸네일도 즉시 그의 캠페인으로 인식될 수 있는 일관된 디자인 요소를 포함했다.

또한 H 후보는 자신이 등장하는 모든 사진과 영상에서 일관된 시각적 언어를 유지했다. 그의 의상 색상, 배경 선택, 포즈와 표정까지 모두 그의 캠페인 메시지와 시각적 아이덴티티를 강화하도록 신중하게 관리되었다.

정치 이미지 컨설턴트 로라 레인은 이렇게 말했다. "유권자들은 후보자의 말을 기억하기 전에 시각적 인상을 형성한다. 그리고 그 첫인상은 이후의 모든 메시지 해석에 영향을 미친다."

H 후보의 체계적인 시각적 언어 전략은 큰 효과를 발휘했다. 출구 조사에서 유권자들은 그의 캠페인을 "기억하기 쉽고", "전문적이면서도 친근한", "일관된 느낌을 주는" 것으로 평가했다. 그의 명확한 시각적 아이덴티티는 혼잡한 정보 환경에서 돋보이는 요소가 되었고, 그는 선거에서 승리했다.

점검 체크리스트

- 내 캠페인의 시각적 아이덴티티는 상징성, 차별성, 일관성, 유연성, 공감성의 측면에서 얼마나 효과적인가?
- 내 시각적 언어가 인식적, 감정적, 연상적 차원에서 유권자에게 어떤 영향을 미치는가?
- 디지털 공간에서 내 시각적 아이덴티티가 일관되게 유지되고 있는가?
- 내가 등장하는 사진과 영상이 전략적으로 설계된 시각적 언어를 따르고 있는가?

‖ 메시지 디자인: 키워드와 반복 ‖

"정치는 메시지의 완전한 전달이 아니라, 핵심 키워드의 효과적인 반복입니다."

많은 후보자가 자신의 메시지를 포괄적이고 완벽하게 전달하려 한다. 그러나 현대 유권자들의 주의 지속 시간은 점점 짧아지고 있으며, 디지털 공간은 더욱 분산된 정보 환경을 만들고 있다.

인천의 한 구청장 선거에서 I 후보는 이 현실을 정확히 이해하고 있었다. 그는 디지털 마케팅 전문가 출신으로, 키워드 중심의 메시지 디자인의 중요성을 잘 알고 있었다.

I 후보의 핵심 전략은 "키워드 피라미드(Keyword Pyramid)" 개발이었다. 이는 자신의 모든 메시지를 소수의 핵심 키워드를 중심으로 구조화하는 방법이었다.

프린스턴 정치커뮤니케이션 연구소의 "정치적 메시지 기억" 연구에 따르면, 유권자들은 복잡한 정책 설명보다 강력한 키워드와 그것의 반복적 노출을 통해 후보자의 입장을 기억하는 경향이 있다. 평균적으로 유권자는 한 후보자의 3~5개 키워드만을 장기 기억에 저장한다.

I 후보의 키워드 피라미드는 다음과 같은 구조를 가졌다:

1. 정점 키워드(Apex Keyword): 모든 메시지의 핵심을 담은 하나의 단어나 구절
   • I 후보의 경우: "실용적 변화"

- 핵심 키워드(Core Keywords): 주요 정책 영역별 핵심 개념 (3~5개)
- "스마트 교통", "열린 행정", "안전한 지역", "생활 경제"

2. **지원 키워드(Support Keywords)**: 각 핵심 키워드를 뒷받침하는 구체적 단어나 구절
   - 예: "스마트 교통" 아래 "15분 도시", "대중교통 혁신", "주차 문제 해결"

하버드 비즈니스 스쿨의 "메시지 침투" 연구에 따르면, 같은 키워드를 다양한 맥락에서 최소 7번 이상 반복해야 유권자의 장기 기억에 효과적으로 저장된다. 이를 "7+ 반복 원칙"이라고 한다.

I 후보는 이 원칙을 모든 커뮤니케이션에 적용했다. 그의 연설, 소셜미디어 게시물, 보도자료, 광고 모두가 일관된 키워드 피라미드를 반영했다. 특히 "실용적 변화"라는 정점 키워드는 거의 모든 메시지에 포함되었다.

주목할 만한 것은 I 후보의 "키워드 컨텍스트 매트릭스" 전략이었다. 그는 각 키워드가 다양한 맥락(지역별, 인구 집단별, 이슈별)에서 어떻게 나타날지 미리 계획했다. 이를 통해 같은 키워드를 반복하면서도, 다양한 사례와 맥락을 통해 신선함을 유지할 수 있었다.

예를 들어, "스마트 교통"이라는 키워드는 노인들에게는 "안전한 보행 환경", 직장인들에게는 "출퇴근 시간 단축", 학생들에게는 "안전한 통학로"와 같이 다른 맥락에서 제시되었다. 하지만 모든 맥락에서 "스마트 교통"이라는 일관된 키워드가 반복되었다.

스탠퍼드 대학의 "디지털 메시지 확산" 연구에 따르면, 이러한

키워드 중심의 메시지 디자인은 소셜미디어에서 특히 효과적이다. 일관된 키워드는 알고리즘이 콘텐츠를 연결하고 추천하는 데 영향을 미치며, 유권자들이 메시지를 공유하고 전파하는 것을 용이하게 한다.

I 후보의 맥락화된 키워드 반복 전략은 콘텐츠 팀에 명확한 지침이 되었고, 디지털 캠페인의 일관성을 유지하는데 크게 기여했다. 선거 후 출구 조사에서 유권자들에게 I 후보를 떠올릴 때 생각나는 단어를 물었을 때, 응답자의 67%가 그의 핵심 키워드 중 하나를 언급했다. 특히 "실용적 변화"라는 정점 키워드는 응답자의 41%가 언급했다.

정치 커뮤니케이션 전문가 프랭크 루츠는 이렇게 말했다. "정치에서 당신이 말한 것은 중요하지 않다. 사람들이 들은 것이 중요하다. 그리고 사람들은 반복된 키워드를 듣는다."

I 후보의 키워드 중심 메시지 디자인은, 특히 디지털 공간에서 큰 효과를 발휘했다. 시간이 지날수록 그의 핵심 키워드는 SNS에서 그와 자동으로 연결되었고, 검색엔진에서도 상위에 노출되었다. 결과적으로 I 후보는 "실용적 변화"의 상징으로 인식되었고, 선거에서 승리했다.

점검 체크리스트

• 내 메시지의 정점 키워드는 무엇이며, 이것이 모든 커뮤니케이션에 일관되게 포함되고 있는가?

> - 내 핵심 키워드 3~5개는 무엇이며, 이들이 "7+ 반복 원칙"에 따라 충분히 반복되고 있는가?
> - 다양한 맥락(지역별, 인구 집단별, 이슈별)에서 내 키워드가 어떻게 표현되고 있는가?
> - 디지털 공간에서 내 키워드가 검색 결과와 알고리즘 추천에 어떤 영향을 미치고 있는가?

‖ 라이프스타일 기반의 브랜드 연출 ‖

"현대 정치에서 유권자들은 당신의 정책이 아니라 당신의 라이프스타일에 투표합니다. 당신의 일상은 어떤 정치적 메시지를 전달하고 있나요?"

많은 후보자가 공적 이미지와 사적 생활을 분리하려 한다. 그러나 디지털 시대에는 후보자의 라이프스타일 자체가 강력한 정치적 메시지가 된다. 유권자들은 단순한 공약보다 후보자의 일상 모습을 통해 그의 가치관과 진정성을 판단한다.

경기도의 한 시의원 선거에서 J 후보는 이 원칙을 적극적으로 활용했다. 그는 브랜드 마케팅 전문가 출신으로, 라이프스타일 브랜딩의 힘을 잘 이해하고 있었다. J 후보의 핵심 전략은 "정치적 라이프스타일 브랜딩"이었다. 이는 그의 일상적 선택과 습관을 통해 정치적 메시지를 전달하는 방법이었다.

UCLA 미디어 심리학 연구소의 "정치적 진정성 지각" 연구에 따르면, 유권자들은 후보자의 무대 위 행동보다 무대 밖 모습에서 더 강한 진정성을 느낀다. 공식 연설보다 일상적 대화, 계획된 이벤트보다 자연스러운 순간이 더 큰 신뢰를 형성한다.

J 후보는 자신의 정치적 메시지인 "지속 가능한 지역 발전"을 라이프스타일로 구현했다. 그는 지역 시장에서 장 보기, 대중교통 이용하기, 지역 카페에서 일하기 등 일상적 활동을 통해 자신의 가치관을 보여주었다. 이는 단순한 PR이 아니라, 그의 실제 생활방식이었다.

특히 주목할 만한 것은 J 후보의 "진정성 콘텐츠 피라미드" 전략이었다. 그는 콘텐츠를 세 가지 진정성 수준으로 분류했다:

1. **계획된 공식 콘텐츠**: 정책 발표, 토론회, 연설 등
2. **반공식 일상 콘텐츠**: 계획되었지만 자연스러운 모습을 담은 콘텐츠
3. **즉흥적 진정성 콘텐츠**: 예상치 못한 순간과 자연스러운 반응을 담은 콘텐츠

J 후보는 세 가지 수준의 콘텐츠를 균형 있게 제공했지만, 특히 디지털 공간에서는 두 번째와 세 번째 유형의 콘텐츠에 집중했다. 그의 인스타그램은 지역 식당 방문, 시장에서 상인들과 대화, 공원에서 달리기, 쓰레기 줍기 봉사활동과 같은 일상적 순간들로 채워졌다.

NYU 디지털 마케팅 연구소의 연구에 따르면, 유권자들은 후보

자의 라이프스타일을 통해 세 가지 핵심 질문에 대한 답을 찾는다: "이 사람의 진짜 모습은 어떠한가?", "이 사람은 나와 어떤 공통점이 있는가?", "이 사람은 자신이 주장하는 가치를 실제로 실천하는가?"

J 후보의 라이프스타일 콘텐츠는 이 세 가지 질문에 효과적으로 답했다. 그는 지역 상점 이용, 환경친화적 교통수단 선택, 지역 문화 행사 참여 등을 통해 자신의 정치적 메시지를 일상에서 실천하는 모습을 보여주었다.

특히 효과적이었던 것은 그의 "내 하루" 시리즈였다. 이는 그의 일상을 있는 그대로 보여주는 짧은 영상으로, 정치인이 아닌 한 주민으로서의 모습을 담았다. 아침 산책, 지역 카페에서 회의, 시장에서 저녁거리 구매, 저녁 독서 등 평범하지만 그의 가치관을 반영하는 모습들이었다.

정치 브랜딩 전문가 제니퍼 피터스는 이렇게 말했다. "정치인의 아침 식사 선택은 때때로 그의 세금 정책보다 더 많은 유권자에게 영향을 미친다. 그것은 가치관의 실천이자, 진정성의 증거다."

J 후보의 라이프스타일 기반 브랜딩은 특히 디지털 공간에서 큰 공감을 얻었다. 그의 인스타그램 팔로워 수는 6개월 만에 300% 증가했고, 참여율(engagement rate)은 지역 정치인 평균의 4배였다. 유권자들은 단순한 지지를 넘어, 그의 라이프스타일에 공감하고 동일시했다. 결과적으로 J 후보는 특히 젊은 유권자층에서 높은 지지를 받으며 당선되었다.

점검 체크리스트

- 내 정치적 메시지가 내 라이프스타일 선택에 어떻게 반영되고 있는가?
- 내 디지털 콘텐츠가 공식 콘텐츠, 반공식 일상 콘텐츠, 즉흥적 진정성 콘텐츠 사이에 어떤 균형을 이루고 있는가?
- 유권자들이 내 일상을 통해 내 가치관과 진정성을 느낄 수 있는가?
- 내 라이프스타일 콘텐츠가 '진짜 모습', '공통점', '가치 실천'이라는 세 가지 핵심 질문에 어떻게 답하고 있는가?

제7장

플랫폼별 평판 전략 수립하기

‖ 네이버: 검색 최적화와 블로그 전술 ‖

"한국 정치에서 네이버는 단순한 검색엔진이 아니라, 유권자의 인식을 형성하는 핵심 플랫폼입니다. 당신은 네이버에서 어떻게 보이고 있나요?"

많은 후보자가 구글 중심의 서구 전략을 한국에 그대로 적용하려 한다. 그러나 한국의 디지털 생태계는 네이버를 중심으로 독특하게 발전해 왔다. 특히 40대 이상 유권자들에게 네이버는 거의 모든 온라인 활동의 시작점이다.

서울의 한 국회의원 보궐선거에서 K 후보는 이 현실을 정확히 이해하고 있었다. 그는 IT 기업 출신으로, 한국 디지털 플랫폼의 특성을 잘 알고 있었다.

K 후보의 핵심 전략은 "네이버 에코시스템 통합 접근법"이었다. 이는 네이버의 다양한 서비스(검색, 블로그, 카페, 뉴스, 지식인 등)

를 하나의 통합된 생태계로 보고, 각 요소가 서로를 강화하도록 설계하는 방식이었다.

고려대학교 미디어 연구소의 "한국 검색 행동 분석" 연구에 따르면, 네이버 사용자의 검색 결과 탐색 패턴은 구글과 다르다. 구글 사용자들이 주로 웹사이트 링크에 집중하는 반면, 네이버 사용자들은 통합검색 결과에서 여러 탭(블로그, 뉴스, 지식인, 이미지 등)을 더 자주 탐색한다. 이를 고려하여, K 후보는 다음과 같은 네이버 최적화 전략을 구현했다:

1. **블로그 권위 구축**: 정기적인 고품질 콘텐츠로 권위 있는 블로그 육성
   - 주 2회 정책 심층 분석, 게시
   - 지역 이슈별 전문가 기고 연재
   - 쉽게 공유하고 인용할 수 있는 인포그래픽 제작

2. **뉴스 섹션 최적화**: 언론 보도 전략적 관리
   - 주요 온라인 언론과의 관계 구축
   - 보도자료에 네이버 SEO 원칙 적용
   - 긍정적 뉴스의 공유와 확산 촉진

3. **지식인 참여 전략**: 간접적 권위 구축
   - 전문 분야 질문에 캠프 전문가 팀이 답변
   - 후보 관련 질문에 정확한 정보 제공
   - 지역 현안에 대한 객관적 분석 공유

4. **카페 활동 최적화**: 지역 커뮤니티 참여
   - 주요 지역 카페 매핑과 참여 전략 수립

- 각 커뮤니티 특성에 맞는 콘텐츠 제작
- 자연스러운 대화 참여와 가치 제공

서울대 디지털 정치연구소의 연구에 따르면, 네이버 블로그는 특히 40~60대 유권자들에게 높은 신뢰도를 갖는다. 이들은 공식 웹사이트보다 블로그 포스트에서 더 많은 시간을 보내고, 더 깊이 정보를 탐색하는 경향이 있다.

K 후보는 이런 인사이트를 바탕으로 "블로그 콘텐츠 피라미드" 전략을 개발했다. 그의 블로그는 다음 세 가지 유형의 콘텐츠를 균형 있게 제공했다:

1. **기반 콘텐츠**: 후보자의 기본 정보, 정책 입장, 주요 성과 등
2. **깊이 콘텐츠**: 특정 이슈에 대한 심층 분석과 전문적 견해
3. **반응 콘텐츠**: 시의성 있는 지역 이슈와 뉴스에 대한 신속한 반응

특히 주목할 만한 것은 K 후보의 "검색어 스토리텔링" 접근법이었다. 그는 단순히 검색 최적화를 위한 키워드를 삽입하는 것이 아니라, 잠재적 검색어를 중심으로 스토리를 구성했다. 예를 들어, "ㅇㅇ구 교통 문제"라는 검색어에 대해 단순한 정책 설명이 아닌, 실제 주민의 출퇴근 스토리와 해결책을 담은 내러티브를 제작했다.

연세대 정치커뮤니케이션 연구팀의 분석에 따르면, 이러한 스토리텔링 접근법은 검색 결과 클릭률을 46% 높이고, 콘텐츠 체류 시간을 평균 2.8배 증가시킨다.

118

K 후보의 네이버 전략은 특히 중장년층 유권자들에게 효과적이었다. 선거 한 달 전부터 그의 이름으로 검색했을 때 네이버 블로그, 뉴스, 지식인 탭 모두에서 긍정적인 콘텐츠가 상위에 노출되었다. 이는 그의 디지털 평판을 강화하는 데 크게 기여했다.

디지털 정치 전략가 김민석은 이렇게 말했다. "한국 정치에서 네이버는 디지털 정당 사무소와 같다. 그곳에서 유권자들은 당신에 대한 첫인상을 형성하고, 신뢰를 쌓고, 지지를 결정한다."

K 후보의 네이버 에코시스템 통합 접근법은 좋은 결과를 가져왔다. 그의 블로그 방문자 수는 3개월 만에 500% 증가했고, 그의 이름이 포함된 검색에서 긍정적 콘텐츠의 비율이 72%까지 상승했다. 출구 조사에서는 40~60대 유권자의 61%가 네이버를 통해 K 후보에 대한 정보를 얻었다고 답했다. K 후보는 특히 이 연령층에서 높은 지지를 받으며 당선되었다.

점검 체크리스트

- 내 이름으로 네이버에서 검색했을 때 각 탭(블로그, 뉴스, 지식인, 이미지 등)에 어떤 결과가 나오는가?
- 내 블로그 콘텐츠가 기반, 깊이, 반응 콘텐츠 사이에 어떤 균형을 이루고 있는가?
- 지역 유권자들이 자주 검색하는 키워드는 무엇이며, 이에 맞춘 스토리텔링 콘텐츠를 제작하고 있는가?

‖ 유튜브: 짧은 콘텐츠 vs 긴 콘텐츠 전략 ‖

"유튜브는 단순한 영상 플랫폼이 아니라, 검색엔진이자 커뮤니티이
자 정치적 의견 형성의 장입니다. 당신은 어떤 유튜브 전략을 가지고
있나요?"

많은 후보자가 유튜브를 단순히 자신의 연설이나 활동을 기록하
는 채널로 활용한다. 그러나 현대 정치에서 유튜브는 다양한 유권
자층에 접근하고 깊이 있는 메시지를 전달할 수 있는 핵심 플랫폼
이 되었다.

부산의 한 시장 선거에서 L 후보는 이를 정확히 이해하고 있었
다. 그는 디지털 콘텐츠 제작 경험이 있었고, 유튜브의 알고리즘과
시청자 행동 패턴을 잘 알고 있었다.

L 후보의 핵심 전략은 "유튜브 이중 콘텐츠 전략(Dual Content
Strategy)"이었다. 이는 짧은 콘텐츠와 긴 콘텐츠를 전략적으로 조
합하여, 서로 다른 목적과 대상에 맞춰 효과적으로 메시지를 전달
하는 방식이었다.

카이스트 디지털 미디어 연구소의 "정치 콘텐츠 소비 패턴" 분

석에 따르면, 유튜브 시청자들은 크게 두 가지 패턴을 보인다: 여러 짧은 영상을 빠르게 소비하는 '스캐닝형'과 소수의 긴 영상을 깊이 시청하는 '몰입형'이다. 또한 같은 사람도 상황과 맥락에 따라 두 가지 패턴을 오가는 경우가 많다. 이를 고려하여, L 후보는 다음과 같은 이중 콘텐츠 전략을 구현했다:

1. 숏폼 콘텐츠 (3분 이내)
   - **목적**: 새로운 시청자 유입, 인지도 확대, 핵심 메시지 전달
   - **유형**: 정책 하이라이트, 일상 브이로그, 현장 스케치, 주요 발언 클립
   - **특징**: 시각적 임팩트, 첫 3초 집중, 모바일 최적화, 공유 용이성
2. 롱폼 콘텐츠 (10분 이상)
   - **목적**: 깊이 있는 설득, 지지층 강화, 전문성 입증
   - **유형**: 정책 심층 설명, 전문가 대담, 타운홀 미팅, 다큐멘터리 형식
   - **특징**: 스토리텔링, 데이터 시각화, 대화형 내러티브, 시청자 질문 반영

스탠퍼드 정치커뮤니케이션 연구소의 "유튜브 정치 참여" 연구에 따르면, 숏폼과 롱폼 콘텐츠는 서로 다른 심리적 기능을 한다. 숏폼은 감정적 반응과 직관적 판단을 유도하는 반면, 롱폼은 인지적 처리와 깊이 있는 고려를 촉진한다. 효과적인 설득을 위해서는 두 가지 모두가 필요하다.

특히 주목할 만한 것은 L 후보의 "콘텐츠 여정 디자인" 접근법이

었다. 그는 시청자가 자신의 채널에서 경험하는 여정을 전략적으로 설계했다. 숏폼 콘텐츠는 새로운 시청자를 유입하는 '입구' 역할을 했고, 각 영상은 관련된 롱폼 콘텐츠로 자연스럽게 안내했다. 이를 통해 시청자들이 점진적으로 더 깊은 수준의 정보에 노출되도록 유도했다.

MIT 미디어랩의 연구에 따르면, 이러한 '점진적 몰입' 전략은 정치 콘텐츠 시청자의 참여 지속성을 평균 68% 향상시킨다. 처음부터 길고 깊이 있는 콘텐츠를 제시하는 것보다, 짧은 콘텐츠로 시작해 점차 깊이를 더하는 것이 더 효과적이다.

또한 L 후보는 유튜브의 검색 및 추천 알고리즘을 최적화하는 데 주목했다. 그의 캠프는 키워드 연구, 썸네일 디자인, 제목 최적화, 영상 구조화 등 기술적 측면에도 많은 자원을 투자했다.

정치 디지털 전략가 이준희는 이렇게 말했다. "유튜브에서 최고의 콘텐츠도 검색과 추천 알고리즘을 이해하지 못하면 아무도 보지 않는다. 알고리즘은 새로운 선거운동원이다."

L 후보의 유튜브 이중 콘텐츠 전략은 크게 성공했다. 그의 채널 구독자는 6개월 만에 8,500명에서 78,000명으로 증가했고, 총 시청 시간은 2,500% 늘어났다. 특히 그의 롱폼 콘텐츠는 평균 38%의 높은 시청 완료율을 기록했는데, 이는 정치 콘텐츠 평균(15~20%)을 크게 상회하는 수치였다.

출구 조사에서는 20~30대 유권자의 44%가 L 후보의 유튜브 콘텐츠를 시청했다고 답했고, 그중 57%가 그의 콘텐츠가 투표 결정에 영향을 미쳤다고 응답했다. L 후보는 특히 젊은 유권자층에서 높은 지지를 얻으며 당선되었다.

> ### 점검 체크리스트
>
> - 내 유튜브 채널에서 숏폼과 롱폼 콘텐츠의 균형은 어떠하며, 각각의 목적은 명확한가?
> - 시청자가 내 채널에서 경험하는 '콘텐츠 여정'은 어떻게 설계되어 있는가?
> - 내 유튜브 콘텐츠의 검색 및 추천 알고리즘 최적화 전략은 무엇인가?
> - 내 유튜브 시청자의 인구통계학적 특성과 시청 패턴은 어떠하며, 이를 어떻게 전략에 반영하고 있는가?

‖ 인스타그램: 이미지 기반 브랜딩 ‖

"인스타그램은 단순한 사진 공유 앱이 아니라, 당신의 가치관과 라이프스타일을 시각적으로 전달하는 강력한 도구입니다. 당신의 피드는 어떤 이야기를 들려주고 있나요?"

많은 후보자가 인스타그램을 단순히 행사 사진을 공유하는 채널로 활용한다. 그러나 이 플랫폼은 특히 젊은 유권자들에게 후보자의 인간적 측면과 가치관을 직관적으로 전달할 수 있는 독특한 기회를 제공한다.

서울의 한 구의원 선거에서 M 후보는 이 점을 깊이 이해하고 있었다. 그는 시각 디자인 전공자로, 이미지를 통한 커뮤니케이션의 힘을 잘 알고 있었다.

M 후보의 핵심 전략은 "시각적 내러티브 아키텍처"였다. 이는 단순히 좋은 사진을 게시하는 것이 아니라, 인스타그램 피드 전체를 하나의 일관된 시각적 이야기로 구성하는 접근법이었다.

UCLA 디지털 커뮤니케이션 연구소의 "정치적 이미지 소비" 연구에 따르면, 인스타그램 사용자들은 개별 포스트보다 피드 전체의 시각적 일관성과 내러티브에 더 강하게 반응한다. 사용자들은 후보자의 프로필을 방문했을 때 스크롤하며 전체적인 느낌을 빠르게 스캔하는 경향이 있다. 이를 고려하여, M 후보는 다음과 같은 인스타그램 전략을 구현했다:

1. 시각적 정체성 시스템
   - **일관된 색조와 분위기**: 밝고 긍정적인 톤, 자연광 활용
   - **반복되는 시각적 모티프**: 지역 랜드마크, 주민들과의 대화 장면
   - **고유한 그리드 패턴**: 3열 그리드에서 특정 패턴으로 콘텐츠 배치
2. 콘텐츠 카테고리 균형
   - **정책 비주얼라이징**: 추상적 정책을 시각적으로 표현
   - **일상 모먼트**: 후보자의 진정성 있는 일상 순간들
   - **지역 스토리**: 지역 주민과 장소에 관한 시각적 이야기
   - **가치 시각화**: 후보자의 핵심 가치를 상징하는 이미지
3. 이미지 스토리텔링 기법
   - **비주얼 메타포**: 추상적 개념을 구체적 이미지로 표현

- **시각적 대비**: 현재의 문제와 미래의 해결책 시각화
- **감정적 연결**: 공감을 유발하는 인간 중심 이미지
- **시리즈 구성**: 연결된 이미지들을 통한 내러티브 구축

NYU 시각 커뮤니케이션 연구소의 "정치적 시각 언어" 연구에 따르면, 정치인의 인스타그램 프로필은 세 가지 주요 차원에서 유권자들에게 영향을 미친다: 진정성(authenticity), 근접성(proximity), 일관성(consistency). 진정성은 얼마나 자연스럽고 꾸밈없이 보이는가, 근접성은 얼마나 유권자들의 일상과 가깝게 느껴지는가, 일관성은 시각적 언어가 얼마나 일관되게 유지되는가를 의미한다.

특히 주목할 만한 것은 M 후보의 "그리드 내러티브" 기법이었다. 그는 인스타그램의 3열 그리드 구조를 활용하여, 9개의 포스트가 모여 하나의 큰 이야기를 만들어내는 방식으로 콘텐츠를 구성했다. 예를 들어, 지역 교통 문제에 관한 시리즈는 문제 상황, 주민들의 경험, 해결책 제안이 시각적으로 연결되어 하나의 큰 그림을 형성했다.

하버드 디지털 정치연구소의 조사에 따르면, 이러한 그리드 내러티브 접근법은 인스타그램 방문자의 프로필 탐색 시간을 평균 178% 증가시키고, 팔로우 전환율을 46% 향상시킨다.

또한 M 후보는 "시각적 진정성 계층"을 개발했다. 그는 모든 이미지를 세 가지 진정성 수준으로 분류했다:

1. **제작된 비주얼**: 정책 인포그래픽, 캠페인 메시지 등 명확히 디

자인된 콘텐츠

2. **연출된 자연스러움**: 계획되었지만 자연스럽게 촬영된 활동과 순간들

3. **즉흥적 순간**: 예상치 못한 진정성 있는 순간들을 담은 이미지

M 후보는 이 세 가지 유형을 균형 있게 제공하여, 전문성과 진정성 사이의 균형을 유지했다. 특히 세 번째 유형의 콘텐츠는 스토리 기능을 통해 더 자주 공유되었고, 피드에는 더 계획된 콘텐츠가 배치되었다. 비주얼 브랜딩 전문가 사라 김은 이렇게 말했다. "인스타그램에서 정치인의 모든 이미지는 세 가지 질문에 답해야 한다: 이 사람은 누구인가? 이 사람은 무엇을 중요시하는가? 이 사람은 어떤 세상을 만들고 싶은가?"

M 후보의 시각적 내러티브 아키텍처는 특히 젊은 유권자들에게 강한 인상을 남겼다. 그의 인스타그램 팔로워는 4개월 만에 700% 증가했고, 참여율(engagement rate)은 지역 정치인 평균의 5배였다. 그의 피드를 본 사람들은 그를 "진정성 있는", "접근하기 쉬운", "일관된 가치를 가진" 후보로 묘사했다. 결과적으로 M 후보는 특히 20~30대 유권자들 사이에서 높은 지지를 받으며 당선되었다.

점검 체크리스트

• 내 인스타그램 피드가 전체적으로 전달하는 시각적 내러티브는 무엇인가?

‖ 온라인 커뮤니티: 타깃 민심 읽기 ‖

"온라인 커뮤니티는 단순한 소통 공간이 아니라, 지역 유권자들의 진짜 생각이 드러나는 민심의 바로미터입니다. 당신은 이 공간에서 어떤 소리에 귀 기울이고 있나요?"

많은 후보자가 온라인 커뮤니티를 자신의 메시지를 전파하는 채널로만 인식한다. 그러나 실제로 이 공간은 유권자들의 진솔한 목소리를 듣고, 지역 현안의 실제 맥락을 이해하며, 선거 전략을 조정하는 귀중한 정보원이다.

인천의 한 구청장 선거에서 N 후보는 이 점을 깊이 이해하고 있었다. 그는 커뮤니티 매니저 경험이 있었고, 온라인 대화의 역학관계와 패턴을 잘 이해하고 있었다.

N 후보의 핵심 전략은 "커뮤니티 인사이트 루프"였다. 이는 온라인 커뮤니티를 체계적으로 모니터링하여 유권자 인사이트를 발

굴하고, 이를 캠페인 전략에 반영한 후, 그 결과를 다시 커뮤니티에서 검증하는 순환적 접근법이었다.

서울대 사회심리학 연구소의 "온라인 커뮤니티 담론 형성" 연구에 따르면, 온라인 커뮤니티는 종종 공식 여론조사보다 더 솔직하고 정확한 민심을 반영한다. 특히 지역 기반 커뮤니티에서는 실제 생활과 직결된 구체적인 문제점과 요구사항이 드러난다. 이를 고려하여, N 후보는 다음과 같은 온라인 커뮤니티 전략을 구현했다:

1. 커뮤니티 매핑 & 모니터링
   - 지역 기반 주요 커뮤니티 식별(맘카페, 아파트 커뮤니티, 직장인 포럼 등)
   - 각 커뮤니티의 특성, 주요 관심사, 언어 스타일, 에티켓 분석
   - 실시간 키워드 및 주제 트래킹 시스템 구축
   - 감정 분석을 통한 이슈별 민심 온도 측정
2. 인사이트 발굴 & 분석
   - 주간 커뮤니티 인사이트 보고서 작성
   - 발견된 문제점과 요구사항의 우선순위 설정
   - 숨겨진 패턴과 연결점 식별
   - 공식 여론조사와의 갭 분석
3. 참여 & 가치 제공 전략
   - 각 커뮤니티의 문화와 규범을 존중하는 자연스러운 참여
   - 지식, 정보, 해결책 등 실질적 가치 제공
   - 물어보지 않은 홍보 회피, 진정한 대화 중심
   - 투명한 신분 공개와 솔직한 소통

UCLA 디지털 정치연구소의 "온라인 커뮤니티 참여" 연구에 따르면, 정치인의 커뮤니티 참여는 '가치 제공'과 '경청'의 비율이 4:1 이상일 때 가장 효과적이다. 즉, 자신의 메시지를 전파하는 것보다 커뮤니티에 실질적 가치를 제공하고 유권자의 목소리를 경청하는 데 더 많은 노력을 기울여야 한다.

특히 주목할 만한 것은 N 후보의 "커뮤니티 퍼스트 정책 개발" 접근법이었다. 그는 정책을 개발하기 전에 먼저 온라인 커뮤니티에서 관련 논의를 심층 분석했다. 예를 들어, 지역 주차 문제 해결책을 마련하기 위해 아파트 커뮤니티에서 주민들이 제안한 아이디어와 우려 사항을 수집하고, 이를 정책에 반영했다.

하버드 비즈니스 스쿨의 "크라우드소싱 정책" 연구에 따르면, 이러한 상향식 정책 개발 접근법은 정책의 적합성을 33% 향상시키고, 유권자 지지를 57% 증가시킨다.

또한 N 후보는 "커뮤니티 피드백 루프"를 구축했다. 그는 커뮤니티에서 발견한 인사이트를 정책이나 메시지에 반영한 후, 그 결과를 다시 커뮤니티에 공유하고 피드백을 수집했다. 이를 통해 유권자들은 자신들의 의견이 실제로 반영되는 것을 확인할 수 있었고, 정책은 지속적으로 개선되었다.

정치 커뮤니케이션 전문가 크리스티나 왕은 이렇게 말했다. "현대 정치에서 온라인 커뮤니티는 단순한 소통 채널이 아니라, 집단지성의 발현 공간이다. 이 공간에서 경청하고, 배우고, 함께 만들어가는 후보가 승리한다."

N 후보의 커뮤니티 인사이트 루프 전략은 특히 지역 현안에 관

심이 많은 30~40대 유권자들에게 큰 호응을 얻었다. 주요 지역 커뮤니티에서 그에 관한 긍정적 언급이 6개월 동안 820% 증가했고, "주민의 목소리를 듣는", "실질적인 문제를 해결하는" 후보로 인식되었다. 이는 그의 핵심 지지층을 강화하는 데 크게 기여했고, 결국 선거 승리로 이어졌다.

점검 체크리스트

- 내 지역의 주요 온라인 커뮤니티는 어디이며, 각각의 특성과 주요 관심사는 무엇인가?
- 커뮤니티에서 발견된 인사이트가 내 캠페인 전략과 정책에 어떻게 반영되고 있는가?
- 내가 커뮤니티에 제공하는 가치와 경청의 비율은 어떠한가?
- 커뮤니티 피드백을 수집하고 반영하는 체계적인 프로세스가 구축되어 있는가?

‖ 각 플랫폼의 말투와 문법 조정 ‖

"디지털 공간의 각 플랫폼은 고유한 언어와 문화를 가진 서로 다른 나라와 같습니다. 당신은 이 모든 나라에서 원어민처럼 소통하고 있나요?"

많은 후보자가 모든 디지털 플랫폼에서 동일한 메시지와 톤을 사용한다. 그러나 각 플랫폼은 서로 다른 커뮤니케이션 규범, 언어적 특성, 콘텐츠 기대치를 가지고 있다. 이를 무시하면 부자연스럽고 비효과적인 소통으로 이어진다.

경기도의 한 도의원 선거에서 O 후보는 이 점을 깊이 이해하고 있었다. 그는 다국어 번역가 출신으로, 서로 다른 언어와 문화 간의 미묘한 차이를 잘 이해하고 있었다.

O 후보의 핵심 전략은 "플랫폼 네이티브 커뮤니케이션"이었다. 이는 각 디지털 플랫폼의 고유한 '문법'과 문화에 맞춰 메시지의 형식, 톤, 스타일을 조정하는 접근법이었다.

콜롬비아 대학 디지털 언어학 연구소의 "플랫폼별 언어 문화" 연구에 따르면, 각 소셜미디어 플랫폼은 고유한 언어적 특성과 커뮤니케이션 패턴을 발전시켰다. 이러한 차이는 단순한 형식적 차이를 넘어, 해당 플랫폼에서 소통이 '진정성 있고 적절하다'고 인식되는 기준에 영향을 미친다.

이를 고려하여, O 후보는 다음과 같은 플랫폼별 커뮤니케이션 전략을 구현했다:

1. 페이스북 네이티브 톤
   - 개인적이고 대화적인 문체
   - 지역 커뮤니티 중심의 이야기
   - 감정 표현과 개인적 반응 포함
   - 유머와 일상의 순간 공유
   - 질문과 대화 유도 요소 활용
2. 트위터 네이티브 톤

- 간결하고 임팩트 있는 표현
- 시의성과 관련성 높은 주제 반응
- 해시태그의 전략적 활용
- 대화와 토론 참여
- 정보 공유와 리트윗 가능한 요소

3. 인스타그램 네이티브 톤

- 시각 중심, 텍스트는 보조적 역할
- 긍정적이고 영감을 주는 메시지
- 감성적 스토리텔링
- 일상의 아름다움과 특별한 순간 강조
- 해시태그를 통한 커뮤니티 참여

4. 유튜브 네이티브 톤

- 직접적이고 인간적인 대화 스타일
- 자세한 설명과 가치 제공
- 친근하지만 전문적인 어조
- 시청자 상호작용 요소 포함
- 연결된 콘텐츠로 안내

5. 지역 커뮤니티 네이티브 톤

- 각 커뮤니티의 특수한 용어와 관행 존중
- 지역 특화된 표현과 이슈 언급
- 이웃 간 대화 같은 자연스러운 톤
- 전문가적 자세보다 동등한 주민으로서의 포지셔닝
- 커뮤니티 규범과 에티켓 준수

MIT 미디어랩의 "디지털 커뮤니케이션 적응성" 연구에 따르면, 플랫폼에 맞춘 커뮤니케이션 스타일을 사용하는 정치인은 그렇지 않은 정치인보다 67% 더 높은 참여율과 41% 더 긍정적인 반응을 얻는다. 이는 언어적 적응성이 디지털 커뮤니케이션 효과의 핵심 요소임을 보여준다.

특히 주목할 만한 것은 O 후보의 "플랫폼 언어 매뉴얼" 개발이었다. 그는 각 플랫폼에 적합한 어휘, 문장 구조, 표현 방식을 담은 상세 가이드를 만들었다. 이 매뉴얼은 캠프의 모든 커뮤니케이션 담당자들이 일관되지만 플랫폼에 최적화된 메시지를 전달할 수 있도록 도왔다.

예를 들어, 같은 지역 교통 정책을 다음과 같이 다르게 표현했다:

- 페이스북: "출근길 버스 기다리며 속 타신 적 있으시죠? 저도 매일 그 답답함을 느낍니다. 우리 지역 30분 버스 지연 문제, 이렇게 해결하겠습니다. 여러분의 경험도 댓글로 나눠주세요."
- 트위터: "지역 버스 30분 지연 문제, 3가지 해결책을 찾았습니다. ①버스전용차선 확대 ②배차간격 조정 ③실시간 알림시스템 도입 #출퇴근_스트레스_줄이기 #OO구_교통혁신"
- 인스타그램: (버스정류장에서 기다리는 주민들 사진과 함께) "매일 아침, 같은 자리에서 같은 희망을 품고 기다립니다. 오늘은 버스가 제시간에 왔으면 하고. 우리 지역의 일상이 더 편안해질 수 있도록, 작지만 확실한 변화를 만들겠습니다."

정치 커뮤니케이션 전문가 마이클 슈나이더는 이렇게 말했다. "디지털 시대의 정치인은 다중언어 사용자가 되어야 한다. 각 플랫폼의 '언어'를 구사하지 못하면, 아무리 좋은 메시지도 소음으로 사라진다."

O 후보의 플랫폼 네이티브 커뮤니케이션 전략은 큰 성과를 거두었다. 각 플랫폼에서 그의 콘텐츠는 해당 환경에 자연스럽게 녹아들었고, 그 결과 평균 참여율이 경쟁 후보보다 2.8배 높았다. 유권자들은 그를 "진정성 있고", "소통이 자연스러운", "현대적인" 후보로 인식했다. O 후보는 디지털 채널을 통한 효과적인 소통을 바탕으로 당선되었다.

점검 체크리스트

- 내가 활용하는 각 디지털 플랫폼의 고유한 언어적 특성과 커뮤니케이션 규범은 무엇인가?
- 내 메시지가 각 플랫폼의 '네이티브 톤'에 맞게 조정되고 있는가?
- 동일한 정책이나 메시지를 각 플랫폼에 맞게 어떻게 다르게 표현할 수 있을까?
- 플랫폼별 커뮤니케이션 가이드라인이 캠프 내에 공유되고 일관되게 적용되고 있는가?

3부.

실전 캠프 운영 매뉴얼

(즉시 실행 가능한 체크리스트 - 톰 피터스 스타일)

제8장.

캠프의 평판 관리 시스템 구축하기

‖ 내부 평판 매뉴얼 작성법 ‖

"우리 캠프에서 나가는 모든 문장, 모든 이미지, 모든 메시지는 후보자의 평판을 형성합니다. 문제는 이것이 통제되고 있는가, 아니면 무작위로 흘러 나가고 있는가입니다."

　경기도의 한 시장 선거에서 A 후보 캠프는 선거 초반 혼란을 경험했다. 캠프 내 다양한 팀에서 서로 다른 메시지와 톤으로 소통하다 보니, 유권자들은 일관되지 않은 인상을 받았다. 한 소셜미디어 담당자는 유머러스한 톤으로 포스팅했고, 다른 담당자는 엄숙하고 공식적인 톤을 사용했다. 정책팀은 전문용어를 사용했고, 현장팀은 감성적인 표현을 선호했다.

　이 문제를 해결하기 위해, A 후보의 캠프 매니저는 "평판 통합 매뉴얼(Reputation Integration Manual)"을 개발했다. 이는 캠프 내 모든 커뮤니케이션과 행동에 일관된 지침을 제공하는 문서였다.

하버드 정치 캠페인 스쿨의 "내부 정렬" 연구에 따르면, 일관된 내부 지침을 가진 캠프는 그렇지 않은 캠프보다 78% 더 일관된 외부 메시지를 전달하고, 평판 위기를 41% 더 효과적으로 관리한다.

A 후보 캠프의 평판 매뉴얼은 다음과 같은 핵심 요소를 포함했다:

1. 핵심 정체성 정의
   - 후보자의 정치적 캐릭터와 핵심 가치
   - 캠페인의 중심 내러티브와 메시지 피라미드
   - 사용해야 할 핵심 키워드와 피해야 할 표현
2. 커뮤니케이션 톤과 스타일
   - **언어적 톤**: 친근하되 전문적, 희망적이되 현실적
   - **시각적 스타일**: 색상 팔레트, 이미지 가이드라인, 그래픽 요소
   - **플랫폼별 조정**: 각 채널의 특성에 맞는 톤 변형
3. 메시지 프레이밍 원칙
   - **정책 설명 방식**: 복잡한 정책을 간결하게 설명하는 지침
   - **지역 이슈 대응**: 주요 지역 현안별 프레이밍 가이드
   - **경쟁 후보 언급**: 경쟁자를 언급할 때의 원칙과 한계
4. 행동 및 상호작용 가이드
   - 공개 행사에서의 행동 원칙
   - 유권자 질문 응대 방식
   - 갈등 상황 처리 지침

매뉴얼 개발 후, A 후보 캠프는 모든 팀원이 이를 숙지하도록 했

다. 그들은 "아침 스탠드업" 미팅에서 매일 핵심 메시지와 프레이밍을 확인했고, 주간 워크숍에서 매뉴얼의 일부를 심층적으로 논의했다.

특히 주목할 만한 것은 A 후보 캠프의 "생활 매뉴얼화" 접근법이었다. 그들은 매뉴얼을 단순한 문서가 아닌 일상적 실천으로 만들었다. 예를 들어, 사무실 벽에는 핵심 메시지와 프레이밍이 포스터로 부착되었고, 모든 회의 시작 전에 해당 주제와 관련된 매뉴얼 부분을 간략히 복습했다.

결과적으로 A 후보 캠프의 모든 커뮤니케이션은 놀라울 정도로 일관되었다. 서로 다른 팀원들이 작성한 메시지도 같은 목소리로 들렸고, 이는 후보자의 평판을 강화하는 데 크게 기여했다.

정치 컨설턴트 제임스 카빌은 이렇게 말했다. "선거에서 당신의 가장 위험한 적은 상대 후보가 아니라, 당신의 캠프 내부에서 나오는 혼란스러운 메시지다."

실행 TODO 리스트:

- 후보자의 핵심 정체성 요소(가치관, 성격, 강점)를 명확히 정의하기
- 캠페인의 중심 내러티브를 한 페이지로 요약하기
- 모든 커뮤니케이션에서 사용할 핵심 키워드 5~7개 선정하기
- 주요 정책별 간결한 설명 템플릿 개발하기
- 플랫폼별 톤과 스타일 가이드라인 작성하기
- 자주 하는 질문과 이슈에 대한 표준 응답 개발하기
- 내부 매뉴얼을 시각적으로 요약한 포스터/카드 제작하기
- 모든 신규 팀원을 위한 매뉴얼 교육 세션 설계하기

- 매뉴얼 위반 사례를 익명으로 제보할 수 있는 시스템 구축하기
- 매주 매뉴얼 준수 상황을 평가하고 업데이트하는 회의 일정 잡기

점검체크리스트

- 우리 캠프의 모든 커뮤니케이션이 일관된 메시지와 톤을 유지하고 있는가?
- 캠프 내 모든 구성원이 후보자의 핵심 가치와 메시지를 명확히 이해하고 있는가?
- 각 정책과 이슈를 설명할 때 사용해야 할 정확한 언어와 프레이밍은 무엇인가?
- 매뉴얼이 이론적 문서로 남아있지 않고 일상적 실천으로 통합되고 있는가?
- 새로운 이슈나 상황에 직면했을 때 매뉴얼을 어떻게 신속하게 업데이트할 것인가?

‖ 커뮤니케이션 툴 및 회의 운영 가이드 ‖

"평판 관리는 내용뿐만 아니라 흐름의 문제입니다. 정보가 어떻게 흐르고, 결정이 어떻게 내려지며, 피드백이 어떻게 반영되는지가 평판을 형성합니다."

서울의 한 국회의원 선거에서 B 후보 캠프는 커뮤니케이션 문제

로 어려움을 겪었다. 정보가 제대로 공유되지 않아 일부 팀원은 오래된 메시지를 사용했고, 의사결정이 지연되어 시의성 있는 대응을 놓치곤 했다. 또한 회의는 비효율적이고 긴 시간이 소요되었다.

B 후보의 캠프 디렉터는 "디지털 평판을 위한 커뮤니케이션 시스템"을 재설계했다. 이는 정보 흐름, 의사결정, 피드백 처리를 최적화하여 평판 관리의 효율성을 높이는 접근법이었다.

MIT 조직 연구소의 "정치 캠프 효율성" 연구에 따르면, 체계적인 커뮤니케이션 시스템을 갖춘 캠프는 위기 상황에 3배 더 빠르게 대응하고, 일관된 메시지를 유지할 확률이 75% 더 높다.

B 후보 캠프의 커뮤니케이션 시스템은 다음과 같은 요소로 구성되었다:

1. 디지털 도구 에코시스템
    - **중앙 메시지 허브**: Notion을 활용한 실시간 업데이트 메시지 센터
    - **일상 소통**: Slack 채널 구조(일반, 정책, 현장, 미디어, 위기 대응 등)
    - **콘텐츠 협업**: Google Workspace와 연동된 워크 플로우
    - **일정 및 작업 관리**: Asana에서 담당자와 기한 명확화
2. 회의 구조 최적화
    - **일일 스탠드업(15분)**: 핵심 메시지 확인, 당일 우선순위
    - **주간 전략 회의(90분)**: 데이터 검토, 전략 조정, 주간 목표 설정
    - **콘텐츠 리뷰 회의(45분)**: 주요 콘텐츠 검토와 승인
    - **위기 대응 회의(필요시)**: 신속한 대응 전략 수립

3. 결정 플로우 체계화
  - **3단계 승인 시스템**: 일상적/중요/핵심 결정별 다른 프로세스
  - **RACI 매트릭스**: 각 결정에서 누가 책임자/승인자/자문자/정보 수신자인지 명확화
  - **대응 시간 기준**: 이슈 유형별 최대 대응 시간 설정
  - **에스컬레이션 경로**: 문제 해결이 안 될 경우의 명확한 상향 경로
4. 정보 접근성 최적화
  - **지식 허브**: 모든 정책, 메시지, FAQ, 대응 가이드 중앙화
  - **대시보드**: 주요 평판 지표와 이슈 실시간 시각화
  - **알림 시스템**: 중요 이벤트와 변경 사항 자동 알림
  - **모바일 최적화**: 현장에서도 신속하게 접근 가능한 인터페이스

특히 주목할 만한 것은 B 후보 캠프의 "3-10-30 회의 원칙"이었다. 모든 회의는 3가지 이상의 아젠다를 다루지 않고, 10분 이상의 발표를 포함하지 않으며, 30분 이내에 끝나는 것을 원칙으로 했다. 이는 초점을 유지하고 효율성을 높이는 데 큰 도움이 되었다.

또한 그들은 "커뮤니케이션 핵심 시간대"를 설정했다. 오전 9-10시와 오후 4~5시는 모든 팀원이 메시지에 응답하고 업데이트를 확인하는 시간으로 지정되었다. 이를 통해 정보가 캠프 전체에 신속하게 흐를 수 있었다.

정치 캠페인 매니저 제니퍼 오말리는 이렇게 말했다. "선거 캠프의 커뮤니케이션 시스템은 혈관과 같다. 막히면 몸 전체가 제대로 기능하지 않는다."

B 후보 캠프의 커뮤니케이션 시스템 재설계 후, 평균 대응 시간

은 47% 단축되었고, 메시지 일관성은 82% 향상되었다. 회의 시간은 평균 40% 감소했지만, 의사결정의 질은 향상되었다. 이는 캠프가 더 효과적으로 후보자의 평판을 관리하고 외부 상황에 신속하게 대응할 수 있게 했다.

실행 TODO 리스트:

- 디지털 도구 에코시스템 설계(메시지 허브, 일상 소통, 콘텐츠 협업, 일정 관리)
- 각 도구의 사용 목적과 방법에 관한 간결한 가이드 작성하기
- 4가지 회의 유형별 아젠다 템플릿과 진행 방식 문서화하기
- 일일/주간 리듬을 시각화한 캠프 커뮤니케이션 캘린더 만들기
- 결정 유형별 RACI 매트릭스 작성하기(누가 책임자/승인자/자문자/정보 수신자인지)
- 이슈 유형별 최대 대응 시간 기준 설정하기
- 핵심 메시지, 정책, FAQ가 모두 포함된 중앙 지식 허브 구축하기
- 모든 팀원이 언제든 접근할 수 있는 모바일 최적화된 정보 시스템 확보하기
- 모든 팀원 대상 커뮤니케이션 시스템 교육 세션 진행하기
- 2주마다 커뮤니케이션 시스템 효율성 평가 및 개선점 도출하기

점검 체크리스트

- 우리 캠프의 정보 흐름에서 병목 현상이 발생하는 지점은 어디인가?

- 중요한 결정이 필요할 때 명확한 책임자와 프로세스가 항상 정의되어 있는가?
- 모든 팀원이 최신 메시지와 대응 지침에 실시간으로 접근할 수 있는가?
- 회의가 명확한 목적과 결과물을 가지고 효율적으로 운영되고 있는가?
- 위기 상황에서 신속한 의사결정과 커뮤니케이션을 위한 시스템이 준비되어 있는가?

‖ 브랜드 수호자로서의 팀원 역할 ‖

"캠프의 모든 구성원은 후보자 브랜드의 수호자입니다. 어떤 직책이든, 어떤 상황에서든, 당신은 브랜드를 강화하거나 약화시키고 있습니다."

　대전의 한 시장 선거에서 C 후보는 초반에 독특한 문제에 직면했다. 그의 공식 메시지는 일관되고 강력했지만, 캠프 구성원들의 개인적 행동과 소통이 때때로 이를 약화시켰다. 자원봉사자들은 온라인에서 부적절한 논쟁에 참여했고, 일부 스태프는 사적인 자리에서 메시지를 벗어난 발언을 했다.

　C 후보의 선임 전략가는 "전 팀원 브랜드 수호자 프로그램"을 개발했다. 이는 직책이나 역할과 관계없이 모든 캠프 구성원이 후보자

브랜드의 적극적인 보호자가 되도록 하는 체계적인 접근법이었다.

MIT 슬론 스쿨의 "내부 브랜드 수호" 연구에 따르면, 조직 구성원들이 브랜드 가치를 내면화하고 수호자 역할을 할 때, 외부 인식의 일관성이 93% 향상되고 위기 상황에서의 회복력이 78% 강화된다.

C 후보 캠프의 브랜드 수호자 프로그램은 다음과 같은 요소로 구성되었다:

1. 브랜드 교육 및 내면화
   - **브랜드 스토리텔링 세션**: 후보자의 가치와 비전을 스토리로 공유
   - **가치 워크숍**: 핵심 가치의 실천적 의미 탐구
   - **역할극**: 다양한 상황에서 브랜드를 대표하는 연습
   - **개인 연결**: 각 팀원이 후보자 브랜드와 자신의 가치 연결점 찾기
2. 일상적 실천 가이드
   - **소셜미디어 행동 강령**: 개인 계정에서의 행동 지침
   - **대화 가이드**: 친구, 가족, 유권자와의 대화에서 메시지 전달법
   - **상황별 대응 스크립트**: 도전적 질문이나 비판에 대한 대응 예시
   - **일상 행동 원칙**: 공적/사적 공간에서의 행동 지침
3. 권한 부여 및 책임
   - **브랜드 이슈 보고 시스템**: 문제점을 안전하게 공유할 수 있는 채널
   - **피어 코칭**: 팀원 간 건설적 피드백 장려

- **브랜드 수호자 인정**: 모범적인 브랜드 대표 사례 축하
- **명확한 경계**: 수용 불가능한 행동의 명확한 정의

4. 지속적 강화 시스템
- **일일 브랜드 모멘트**: 매일 아침 브랜드 가치 한 가지 강조
- **주간 성찰**: 브랜드 수호 성공과 도전 공유
- **브랜드 스토리 수집**: 현장에서의 브랜드 경험 수집
- **인센티브**: 브랜드 수호 행동 인정과 보상

특히 주목할 만한 것은 C 후보 캠프의 "브랜드 순간(Brand Moments)" 개념이었다. 그들은 일상의 작은 상호작용이 후보자 브랜드에 미치는 영향을 강조했다. 예를 들어, 자원봉사자가 피곤할 때도 유권자에게 보이는 미소, 소셜미디어에서 공격적인 댓글에 대응하는 방식, 또는 지역 카페에서 다른 사람들이 들을 수 있는 대화 방식 등이 모두 브랜드 순간으로 정의되었다.

C 후보 캠프는 "브랜드 수호자 서약"을 만들어 모든 캠프 구성원이 서명하도록 했다. 이 서약은 공식적인 역할뿐 아니라 개인 생활에서도 브랜드 가치를 대표하겠다는 약속이었다. 중요한 것은 이것이 단순한 형식이 아니라, 지속적인 대화와 실천의 기초가 되었다는 점이다.

정치 커뮤니케이션 전문가 마크 펜은 이렇게 말했다. "선거 캠프에서 가장 위험한 트윗은 후보자의 것이 아니라, 자원봉사자의 개인 계정에서 올라오는 것이다."

C 후보 캠프의 브랜드 수호자 프로그램 도입 후, 캠프 구성원 관련 부정적 사건이 82% 감소했고, 구성원들의 메시지 일관성은

76% 향상되었다. 특히 자원봉사자들은 후보자의 가치와 메시지를 더 명확하게 전달할 수 있게 되었고, 이는 지역사회에서 후보자의 평판을 강화하는 데 크게 기여했다.

실행 TODO 리스트:

- 후보자 브랜드의 핵심 가치와 캐릭터를 모든 팀원이 이해하도록 교육 세션 진행하기
- 모든 구성원을 위한 소셜미디어 행동 강령 개발하기
- 자주 접하는 도전적 질문에 대한 표준 응답 스크립트 제작하기
- 공적/사적 공간에서의 행동 지침을 포함한 브랜드 수호자 가이드 작성하기
- 모든 팀원이 서명하는 브랜드 수호자 서약서 만들기
- 브랜드 이슈를 안전하게 보고할 수 있는 시스템 구축하기
- 팀원 간 건설적 피드백을 주고받는 방법에 관한 워크숍 진행하기
- 브랜드 수호 모범 사례를 인정하고 축하하는 프로그램 설계하기
- 일일 '브랜드 모멘트' 공유를 위한 짧은 아침 루틴 수립하기
- 월간 브랜드 수호자 기여자 시상 제도 도입하기

점검 체크리스트

- 캠프 구성원들이 공적/사적 영역에서 후보자 브랜드를 어떻게 대표하고 있는가?
- 모든 팀원이 핵심 메시지와 가치를 자신의 언어로 명확하게 설명할 수 있는가?

・도전적인 상황에서 브랜드 가치를 지키는 방법을 팀원들이 알고 있는가?
・소셜미디어에서 개인 계정을 통한 부적절한 행동 위험을 어떻게 관리하고 있는가?
・팀원들이 브랜드 이슈나 우려사항을 안전하게 제기할 수 있는 채널이 있는가?

‖ 콘텐츠 승인 프로세스 설계 ‖

"디지털 캠페인에서 속도와 품질의 균형은 성공의 열쇠입니다. 너무 많은 검토는 기회를 놓치게 하고, 너무 적은 검토는 재앙을 초래합니다."

부산의 한 국회의원 선거에서 D 후보 캠프는 콘텐츠 관리 문제로 어려움을 겪었다. 지나치게 엄격한 승인 프로세스로 인해 시의성 있는 대응이 불가능했고, 소셜미디어 팀은 간단한 포스트도 여러 단계의 승인을 거쳐야 했다. 반면 일부 중요한 콘텐츠는 충분한 검토 없이 배포되어 문제를 일으켰다.

D 후보의 디지털 디렉터는 "리스크 기반 콘텐츠 승인 시스템"을 개발했다. 이는 콘텐츠의 위험도와 중요도에 따라 다른 승인 경로를 적용하는 유연한 접근법이었다.

스탠퍼드 디지털 캠페인 연구소의 "콘텐츠 거버넌스" 연구에 따르면, 위험 수준에 따라 차등화된 승인 프로세스를 적용하는 캠프는 콘텐츠 배포 속도를 평균 64% 향상시키면서도 오류 발생률을 42% 감소시킬 수 있다.

D 후보 캠프의 콘텐츠 승인 시스템은 다음과 같은 요소로 구성되었다:

1. 콘텐츠 위험도 분류
   - **저위험(Green)**: 승인된 템플릿 기반, 확립된 메시지 반복
   - **중위험(Yellow)**: 새로운 메시지지만 민감하지 않은 주제
   - **고위험(Red)**: 논쟁적 주제, 경쟁 후보 언급, 위기 대응
   - **최고위험(Black)**: 법적 이슈, 주요 정책 발표, 위기 상황
2. 위험도별 승인 경로
   - **저위험**: 콘텐츠 제작자 자체 검토 후 배포, 사후 보고
   - **중위험**: 팀장 승인, 1시간 이내 처리
   - **고위험**: 캠프 매니저 승인, 상황실 검토, 4시간 이내 처리
   - **최고위험**: 후보자 포함 전체 리더십 승인, 법률 검토, 24시간 이내 처리
3. 효율성 메커니즘
   - **템플릿 라이브러리**: 사전 승인된 다양한 템플릿
   - **승인 타이머**: 각 위험 수준별 최대 대기 시간 설정
   - **자동 에스컬레이션**: 시간 초과 시 자동 상향 조정
   - **동시 검토**: 병렬적 승인 프로세스로 시간 단축
4. 품질 보장 시스템

- **사전 검토 체크리스트**: 콘텐츠 제작자용 자체 점검 도구
- **랜덤 품질 감사**: 저위험 콘텐츠의 무작위 사후 검토
- **피드백 루프**: 문제점 파악 및 템플릿/프로세스 개선
- **런북**: 반복되는 상황별 상세 대응 가이드

특히 주목할 만한 것은 D 후보 캠프의 "템플릿 퍼스트" 접근법 이었다. 그들은 가능한 모든 콘텐츠 유형(정책 발표, 현장 활동, 뉴스 대응, 공격 대응 등)에 대한 사전 승인된 템플릿을 개발했다. 이 템플릿은 핵심 메시지, 톤, 시각적 요소, 행동 촉구 문구 등을 포함 했다. 콘텐츠 제작자는 이 템플릿에 현재 상황에 맞는 세부 정보만 추가하면 되었고, 이는 승인 과정을 크게 가속화했다.

또한 D 후보 캠프는 "병렬 검토 시스템"을 구축했다. 고위험 콘텐츠는 여러 이해관계자(정책팀, 법률팀, 커뮤니케이션팀)가 동시에 검토했다. 이는 순차적 검토보다 시간을 크게 단축했고, 다양한 관점에서 검토를 가능하게 했다.

정치 디지털 전략가 제시카 쇼는 이렇게 말했다. "디지털 평판 관리에서 가장 비싼 비용은 나쁜 콘텐츠가 퍼진 후 대응하는 것이 다. 그리고 두 번째로 비싼 비용은 좋은 콘텐츠가 승인을 기다리다 시의성을 잃는 것이다."

D 후보 캠프의 리스크 기반 콘텐츠 승인 시스템 도입 후, 저위험 콘텐츠의 배포 속도는 평균 78% 향상되었고, 모든 위험 수준에서 콘텐츠 오류율은 63% 감소했다. 소셜미디어 팀은 더 많은 자율성을 갖게 되어 시의성 있는 콘텐츠를 신속하게 배포할 수 있었고, 동시에 고위험 콘텐츠는 더 철저한 검토를 받게 되었다.

실행 TODO 리스트:

- 콘텐츠 위험도 분류 기준(저위험, 중위험, 고위험, 최고위험) 문서화하기
- 각 위험 수준별 승인 경로와 필요한 승인자 명시하기
- 위험 수준별 최대 승인 소요 시간 설정하기
- 주요 콘텐츠 유형별 템플릿 라이브러리 구축하기(최소 10개 이상)
- 콘텐츠 제작자용 사전 검토 체크리스트 개발하기
- 승인 과정 자동화를 위한 디지털 워크 플로우 도구 설정하기
- 만일의 상황을 위한 긴급 승인 경로 설계하기
- 콘텐츠 품질 감사 및 피드백 수집 프로세스 수립하기
- 시간 초과 시 자동 에스컬레이션 시스템 구축하기
- 전체 팀 대상 새로운 승인 프로세스 교육 세션 진행하기

점검 체크리스트

- 우리 캠프의 콘텐츠 승인 프로세스가 속도와 품질 사이에 적절한 균형을 이루고 있는가?
- 각 콘텐츠 유형과 위험 수준에 맞는 차별화된 승인 경로가 명확히 정의되어 있는가?
- 시의성 있는 대응이 필요할 때 신속한 승인이 가능한 긴급 경로가 있는가?
- 사전 승인된 템플릿과 가이드라인이 콘텐츠 제작자에게 충분한 자율성과 방향성을 제공하는가?
- 승인 과정에서 발생하는 지연이나 병목 현상을 어떻게 식별하고 해결할 것인가?

‖ 외부 요청 대응 매뉴얼화 ‖

"선거 캠프에 들어오는 모든 외부 요청은 기회이자 위험입니다. 각 요청을 어떻게 처리하느냐가 후보자의 평판을 형성합니다."

서울의 한 구청장 선거에서 E 후보 캠프는 다양한 외부 요청 처리에 어려움을 겪었다. 언론 인터뷰 요청, 토론회 참석 요청, 지역 단체 방문 요청, 정책 질의 등이 체계적으로 관리되지 않았다. 일부 중요한 요청은 대응이 늦었고, 다른 일부는 준비 없이 수락되어 문제를 일으켰다.

E 후보의 운영 매니저는 "외부 요청 대응 매트릭스"를 개발했다. 이는 모든 유형의 외부 요청을 체계적으로 평가하고 일관되게 처리하는 시스템이었다.

하버드 케네디 스쿨의 "정치 캠페인 운영" 연구에 따르면, 표준화된 외부 요청 처리 시스템을 갖춘 캠프는 평균적으로 중요한 기회를 놓치는 비율이 68% 감소하고, 부정적 상호작용으로 인한 평판 손상이 73% 줄어든다.

E 후보 캠프의 외부 요청 대응 시스템은 다음과 같은 요소로 구성되었다:

1. 요청 유형 분류 및 프로토콜
   - **언론 요청**: 우선순위 기준, 대응 시간, 준비 절차
   - **행사 참여 요청**: 평가 기준, 확인 사항, 사전/사후 관리
   - **정책 질의**: 대응 수준, 검토 과정, 표준 포맷

- **방문/미팅 요청**: 수락 기준, 일정 관리, 브리핑 절차
- **자원봉사/지원 제안**: 온보딩 과정, 감사 표현, 활용 방안

2. 의사결정 매트릭스
- **기회 점수**: 노출도, 타깃층 접근성, 메시지 전달 기회 평가
- **위험 점수**: 예상 질문, 청중 성향, 과거 경험 기반 평가
- **자원 요구**: 필요한 준비 시간과 인력 평가
- **우선순위 공식**: 기회, 위험, 자원 요구를 종합한 결정 공식

3. 대응 워크플로우
- **접수 창구 일원화**: 모든 요청이 중앙 시스템으로 집중
- **분류 및 라우팅**: 요청 유형별 담당자 지정
- **평가 프로세스**: 매트릭스 기반 신속 평가
- **대응 템플릿**: 상황별 맞춤 응답 템플릿
- **후속 관리**: 이행, 감사, 평가의 체계적 과정

4. 준비 및 실행 가이드
- **사전 브리핑 템플릿**: 요청별 핵심 정보 요약
- **메시지 가이드**: 상황별 핵심 메시지와 말하기 포인트
- **위기 대비**: 도전적 질문과 상황에 관한 대응 계획
- **사후 평가**: 효과성 분석과 교훈 도출

특히 주목할 만한 것은 E 후보 캠프의 "48-24-12 원칙"이었다. 모든 수락된 외부 요청에 대해, 48시간 전에는 상세 브리핑이 준비되고, 24시간 전에는 최종 메시지 점검이 이루어지며, 12시간 전에는 후보자가 최종 준비 세션을 갖는 체계적인 준비 과정이었다. 이는 모든 외부 상호작용에서 일관된 메시지와 준비된 모습을 보장했다.

또한 E 후보 캠프는 "기회 최적화 검토"를 도입했다. 모든 외부 요청에 대해, 단순히 수락/거절을 결정하는 것이 아니라, 어떻게 그 요청을 최대한 활용할 수 있을지 전략적으로 고민했다. 예를 들어, 소규모 지역 행사 참석 요청은 이를 소셜미디어 콘텐츠 제작, 지역 리더와의 네트워킹, 새로운 정책 아이디어 테스트의 기회로 변환했다.

정치 캠페인 컨설턴트 데이비드 악셀로드는 이렇게 말했다. "캠페인에서 가장 값진 자원은 후보자의 시간이다. 그 시간이 어디에 투자되는지가 캠페인의 성패를 결정한다."

E 후보 캠프의 외부 요청 대응 매트릭스 도입 후, 중요한 기회를 놓치는 비율이 79% 감소했고, 부적절한 요청 수락으로 인한 부정적 결과는 83% 줄어들었다. 또한 후보자의 시간은 더 전략적으로 사용되었고, 모든 외부 상호작용은 캠페인 메시지를 강화하는 기회로 활용되었다.

실행 TODO 리스트:

- 캠프에 들어오는 모든 외부 요청 유형 목록화하기
- 요청 유형별 평가 기준과 대응 프로토콜 문서화하기
- 기회 점수, 위험 점수, 자원 요구를 평가하는 의사결정 매트릭스 개발하기
- 모든 외부 요청을 접수하고 추적할 중앙 시스템 구축하기
- 요청 유형별 대응 템플릿 작성하기(수락, 거절, 대안 제시 등)
- 48-24-12 준비 원칙을 적용한 체크리스트 만들기
- 사전 브리핑 템플릿 설계하기(행사 개요, 참석자, 핵심 메시지, 예상

질문 등)

- 요청 처리 담당자 지정 및 교육하기
- 외부 요청 대응 후 효과성 평가 시스템 수립하기
- 모든 외부 상호작용에서 메시지 일관성을 유지하기 위한 가이드라인
  작성하기

점검 체크리스트

- 우리 캠프에 들어오는 외부 요청이 체계적으로 평가되고 전략적으로 관리되고 있는가?
- 각 요청 유형별 대응 과정과 기준이 명확히 문서화되어 있는가?
- 후보자의 시간이 가장 가치 있는 기회에 투자되고 있는가?
- 외부 요청에 대한 준비 과정이 철저하고 일관되게 이루어지고 있는가?
- 각 외부 상호작용이 캠페인 메시지를 강화하는 기회로 활용되고 있는가?

제9장.

위기 대응 평판 매뉴얼

‖ 위기 유형별 대응 시나리오 ‖

"위기는 예고 없이 찾아옵니다. 그러나 대응은 철저히 준비할 수 있습니다. 위기 시나리오를 미리 계획하는 것이 평판을 지키는 최선의 방법입니다."

서울의 한 국회의원 선거에서 F 후보 캠프는 예상치 못한 위기에 반복적으로 당황했다. 후보자의 과거 발언이 왜곡되어 보도되거나, 캠프 구성원의 부적절한 행동이 알려지거나, 정책에 대한 오해가 확산하는 상황에서 그들은 즉흥적으로 대응했고, 이는 종종 문제를 악화시켰다.

F 후보의 위기관리 책임자는 "위기 시나리오 플레이북"을 개발했다. 이는 발생 가능한 모든 위기 상황을 미리 분석하고, 각 상황에 맞는 구체적인 대응 계획을 수립하는 체계적인 접근법이었다.

하버드 비즈니스 스쿨의 "정치적 위기관리" 연구에 따르면, 위기 시나리오를 미리 계획한 캠프는 그렇지 않은 캠프보다 평균 67% 더 빠르게 대응하고, 평판 손상을 72% 더 효과적으로 최소화한다. F 후보 캠프의 위기 시나리오 플레이북은 다음과 같은 요소로 구성되었다:

1. 위기 유형 분류 및 분석
   - **개인 이력 관련**: 과거 발언, 행동, 거래, 관계 등
   - **캠프 관련**: 구성원 논란, 내부 갈등, 운영 실수 등
   - **정책 관련**: 정책 오류, 모순, 비현실성 지적 등
   - **외부 공격**: 허위 정보, 왜곡, 부당한 비판 등
   - **예상 밖 상황**: 자연재해, 국가적 사건, 급작스러운 이슈 등
2. 위기 단계별 대응 프로토콜
   - **경보 단계**: 초기 징후 포착 및 신속한 내부 보고
   - **평가 단계**: 위기 성격, 규모, 잠재적 영향 평가
   - **대응 단계**: 명확한 메시지와 행동 계획 실행
   - **회복 단계**: 후속 조치 및 장기적 평판 회복
3. 핵심 위기 시나리오 대응 계획
   - 시나리오별 핵심 메시지 포인트
   - 실행 가능한 구체적 단계 및 타임라인
   - 담당자 및 역할 명확화
   - 필요 자원 및 도구 목록
4. 위기 커뮤니케이션 플랜
   - 채널별 커뮤니케이션 전략
   - 내부 커뮤니케이션 프로토콜

- 외부 이해관계자 관리 방안
- 미디어 대응 전략 및 스크립트

특히 주목할 만한 것은 F 후보 캠프의 "레드팀-블루팀" 접근법이었다. 그들은 정기적으로 위기 시뮬레이션 세션을 진행했는데, 레드팀은 다양한 공격과 위기 시나리오를 개발하고, 블루팀은 이에 대응하는 실전 연습을 했다. 이 과정에서 발견된 취약점과 개선점은 즉시 플레이북에 반영되었다.

또한 F 후보 캠프는 "위기 대응 골든아워 대시보드"를 개발했다. 이는 위기 발생 초기 4시간(골든아워) 동안 취해야 할 모든 조치를 시각화한 도구로, 누가 무엇을 언제 해야 하는지 명확히 보여주었다. 이 대시보드는 시간 압박하에서도 체계적인 대응을 가능하게 했다.

정치 위기관리 전문가 크리스 레흐만은 이렇게 말했다. "위기 상황에서 가장 비싼 자원은 시간이다. 시나리오를 미리 계획하는 것은 그 귀중한 시간을 사는 것과 같다."

또 다른 핵심 요소는 F 후보 캠프의 "위기 심각도 매트릭스"였다. 그들은 모든 위기를 확산 속도와 잠재적 평판 손상 정도에 따라 분류했고, 각 수준에 맞는 대응 수위와 자원 투입 정도를 미리 정의했다. 이를 통해 과잉 대응이나 과소 대응을 피하고, 적절한 수준의 대응을 할 수 있었다.

F 후보 캠프의 위기 시나리오 플레이북 도입 후, 위기 상황에 대한 평균 대응 시간은 75% 단축되었고, 위기로 인한 지지율 하락은 이전 대비 67% 감소했다. 특히 주목할 만한 것은 위기 상황에서도

캠프 구성원들이 자신감을 유지하고 일관된 메시지를 전달할 수 있게 되었다는 점이다.

실행 TODO 리스트:

- 후보자와 캠프에 관련된 잠재적 위기 유형 모두 나열하기
- 과거 선거에서 발생한 위기 사례 연구하고 교훈 도출하기
- 각 위기 유형별 심각도 평가 기준 개발하기(확산 속도, 평판 손상 정도 등)
- 최소 15개 이상의 핵심 위기 시나리오 개발하기
- 각 시나리오별 대응 계획 수립하기(메시지, 단계, 담당자, 타임라인)
- 위기 대응 골든아워(첫 4시간) 대시보드 만들기
- 위기 커뮤니케이션 채널별 전략 및 템플릿 준비하기
- 위기 대응팀 구성하고 역할과 책임 명확히 하기
- 정기적인 위기 시뮬레이션 세션(레드팀-블루팀) 일정 수립하기
- 위기 감지 시스템 구축하기(소셜미디어 모니터링, 알림 설정 등)

점검 체크리스트

- 우리 캠프에 발생할 수 있는 가장 심각한 위기 시나리오는 무엇이며, 이에 대한 구체적 대응 계획이 있는가?
- 위기 상황에서 각 팀원의 역할과 책임이 명확히 정의되어 있는가?
- 위기 대응의 골든아워(첫 4시간) 동안 취해야 할 구체적인 단계가 명확한가?

‖ 논란 대응 메시지의 원칙 ‖

"위기 상황에서 무엇을 말하느냐만큼 중요한 것이 어떻게 말하느냐입니다. 메시지의 내용뿐만 아니라 구조, 톤, 타이밍이 평판을 결정합니다."

인천의 한 시장 선거에서 G 후보 캠프는 여러 논란에 효과적으로 대응하지 못했다. 그들의 해명은 종종 길고 복잡했으며, 방어적인 톤으로 인해 오히려 상황을 악화시켰다. 또한 핵심 메시지가 불명확하여 유권자들에게 혼란을 주었다.

G 후보의 커뮤니케이션 디렉터는 "위기 메시지 구조화 프레임워크"를 개발했다. 이는 모든 논란과 위기 상황에서 효과적인 메시지를 신속하게 구성하기 위한 체계적인 접근법이었다.

스탠퍼드 정치 커뮤니케이션 연구소의 "위기 레토릭" 연구에 따르면, 위기 상황에서 구조화된 메시지 프레임워크를 사용하는 정치인은 그렇지 않은 정치인보다 63% 더 높은 신뢰도를 유지하고,

지지율 하락을 평균 58% 감소시킨다.

G 후보 캠프의 위기 메시지 프레임워크는 다음과 같은 요소로 구성되었다:

1. 메시지 구조 템플릿 (AREA 모델)
   - **Acknowledge(인정)**: 이슈의 존재와 우려를 인정하기
   - **Respond(응답)**: 명확하고 직접적인 답변 제공하기
   - **Explain(설명)**: 맥락과 배경 간결하게 설명하기
   - **Action(행동)**: 구체적인 행동 계획 제시하기
2. 톤과 언어 가이드라인
   - **투명성**: 솔직하고 개방적인 커뮤니케이션
   - **책임감**: 방어적이지 않고 책임 있는 접근
   - **공감**: 우려와 감정 인정하는 언어
   - **명확성**: 복잡한 설명이나 전문용어 피하기
   - **희망**: 앞으로 나아갈 방향 제시하기
3. 채널별 메시지 조정
   - **공식 성명**: 완전하고 포괄적인 대응
   - **소셜미디어**: 간결하고 공유 가능한 핵심 요점
   - **인터뷰**: 예상 질문과 간결한 답변
   - **지지자 커뮤니케이션**: 내부 지지층을 위한 상세 설명
4. 타이밍 전략
   - **초기 대응**: 이슈 인정과 신속한 초기 반응
   - **중간 대응**: 완전한 설명과 맥락 제공
   - **후속 대응**: 진행 상황과 조치 업데이트

• **종결 메시지**: 교훈과 앞으로의 계획

특히 주목할 만한 것은 G 후보 캠프의 "메시지 길이의 법칙"이었다. 그들은 위기 대응 메시지가 위기의 심각성에 반비례하는 길이를 가져야 한다는 원칙을 수립했다. 즉, 더 심각한 위기일수록 초기 메시지는 더 짧고 명확해야 한다는 것이다. 이는 과도한 설명이 종종 방어적으로 들리고 상황을 악화시킬 수 있다는 인식에 기반했다.

또한 G 후보 캠프는 "위기 메시지 테스트" 과정을 도입했다. 모든 중요한 위기 대응 메시지는 캠프 외부의 일반 시민 패널(5~7명)에게 테스트되었다. 이들의 첫인상과 피드백은 메시지가 공개되기 전에 조정하는 데 활용되었다. 이 과정은 커뮤니케이션 전문가의 판단과 일반 유권자의 반응 사이의 갭을 줄이는 데 도움이 되었다.

정치 커뮤니케이션 전문가 제니퍼 팔메리는 이렇게 말했다. "위기 대응에서 당신이 말하는 첫 세 문장이 앞으로의 모든 것을 결정한다. 이 문장들이 공감, 명확성, 행동을 담고 있어야 한다."

G 후보 캠프의 위기 메시지 구조화 프레임워크 도입 후, 논란에 대한 대응 효과성은 크게 향상되었다. 메시지의 명확성은 87% 개선되었고, 위기 후 신뢰 회복 속도는 64% 증가했다. 특히 AREA 모델(인정-응답-설명-행동)은 복잡한 상황에서도 명확하고 체계적인 커뮤니케이션을 가능하게 했다.

실행 TODO 리스트:

• AREA 모델(인정-응답-설명-행동)을 모든 팀원에게 교육하기

- 위기 유형별 메시지 템플릿 개발하기
- 톤과 언어 가이드라인 문서화하기(투명성, 책임감, 공감, 명확성, 희망)
- 채널별(공식 성명, 소셜미디어, 인터뷰, 내부 커뮤니케이션) 메시지 조정 가이드 만들기
- 위기 심각도별 적절한 메시지 길이와 복잡성 가이드라인 수립하기
- 외부 테스트 패널 구성하여 위기 메시지 테스트 프로세스 수립하기
- 핵심 위기 시나리오에 대한 미리 작성된 메시지 초안 준비하기
- 첫 24시간, 72시간, 1주일 등 타임라인별 메시지 발전 계획 수립하기
- 위기 대응에서 절대 사용하지 말아야 할 표현과 프레이밍 목록 만들기
- 모든 핵심 대응 메시지의 명확성과 공감성을 평가하는 체크리스트 개발하기

점검 체크리스트

- 우리의 위기 대응 메시지가 AREA 구조(인정-응답-설명-행동)를 효과적으로 따르고 있는가?
- 위기 메시지의 톤이 방어적이지 않고 투명하고 책임감 있게 유지되고 있는가?
- 각 채널(공식 성명, 소셜미디어, 인터뷰 등)에 맞게 메시지가 적절히 조정되고 있는가?
- 위기의 심각성에 따라 적절한 길이와 복잡성의 메시지를 사용하고 있는가?
- 위기 대응 메시지가 핵심 지지층과 일반 유권자에게 어떻게 받아들여질지 테스트하고 있는가?

‖ 루머를 사실로 바꾸지 않는 법 ‖

"디지털 시대의 위험한 역설은 루머를 강력하게 부인할수록 그것에 더 많은 관심을 끌어 오히려 확산시킬 수 있다는 것입니다."

강원도의 한 도지사 선거에서 H 후보 캠프는 루머 대응에 어려움을 겪었다. 그들은 후보에 관한 사소한 루머에도 즉각적이고 강력하게 반박했고, 이 과정에서 오히려 더 많은 사람들이 루머에 노출되었다. 또한 반복적인 부인은 때로 '항의가 너무 많다'는 인상을 주어 의심을 키우기도 했다.

H 후보의 위기관리 책임자는 "전략적 루머 대응 프레임워크"를 개발했다. 이는 모든 루머와 허위 정보에 기계적으로 대응하는 대신, 각 상황에 맞는 차별화된 접근법을 적용하는 체계적인 시스템이었다.

옥스퍼드 인터넷 연구소의 "디지털 루머 역학" 연구에 따르면, 루머에 대한 직접적인 부인은 종종 "역효과(backfire effect)"를 일으켜 오히려 루머를 강화할 수 있다. 특히 작은 규모의 루머는 공식적으로 언급함으로써 더 넓은 청중에게 노출되는 경우가 많다.

H 후보 캠프의 루머 대응 프레임워크는 다음과 같은 요소로 구성되었다:

1. 루머 평가 매트릭스
   - **확산 범위**: 얼마나 많은 사람들이 이미 노출되었는가
   - **신뢰 위협**: 핵심 가치나 이미지를 훼손하는 정도

- **증거 가능성**: 반박할 명확한 증거가 있는가
- **자연 소멸성**: 개입 없이 자연 소멸할 가능성

2. 대응 전략 스펙트럼
- **무시 전략**: 주목을 끌지 않고 자연 소멸하도록 함
- **간접 대응**: 직접 언급 없이 긍정적 내러티브로 상쇄
- **제한적 대응**: 특정 채널이나 청중에게만 제한적 대응
- **사실 중심 대응**: 루머를 직접 언급하지 않고 관련 사실만 제시
- **완전 반박**: 루머를 명시적으로 언급하고 강력히 반박

3. 사실 프레이밍 기법
- **진실 선점**: 루머 언급 전에 사실 먼저 제시
- **긍정 프레임**: 부정을 반복하지 않고 긍정적 사실 강조
- **출처 권위**: 신뢰할 수 있는 제3자 정보 활용
- **이야기 전환**: 더 큰 맥락과 내러티브로 관심 전환

4. 채널 전략
- **확산 경로 차단**: 루머가 퍼지는 주요 경로 식별 및 대응
- **적절한 매체 선택**: 대응에 가장 효과적인 채널 선택
- **증폭 최소화**: 필요 이상의 주목을 끌지 않는 접근

특히 주목할 만한 것은 H 후보 캠프의 "루머 역치(Rumor Threshold)" 개념이었다. 그들은 모든 루머에 대해 확산 범위와 신뢰 위협을 기준으로 점수를 매겨, 특정 역치를 넘은 루머에만 공식 대응하는 규칙을 수립했다. 역치 이하의 루머는 모니터링만 하거나 간접적으로 대응했다.

또한 H 후보 캠프는 "진실 은행(Truth Bank)" 전략을 개발했다.

이는 루머에 직접 대응하는 대신, 관련 주제에 대한 정확한 정보와 긍정적 사실을 지속적으로 제공하는 방식이었다. 예를 들어, 후보자의 재정 문제에 관한 루머가 있을 경우, 그의 재정 투명성 기록과 정책을 강조하는 긍정적 콘텐츠를 배포했다.

정치 위기관리 전문가 데이비드 고든은 이렇게 말했다. "루머와의 싸움에서 가장 큰 실수는 루머의 틀 안에서 대응하는 것이다. 당신이 루머의 프레임을 수용하는 순간, 이미 절반은 패배한 것이다."

또 다른 중요한 요소는 H 후보 캠프의 "예방적 진실 접종(Preemptive Truth Inoculation)" 접근법이었다. 그들은 발생 가능한 루머와 공격에 대해 미리 예측하고, 선제적으로 관련 사실과 맥락을 공개했다. 이는 후보자가 먼저 내러티브를 설정함으로써 나중에 루머가 퍼져도 그 효과를 크게 감소시켰다.

H 후보 캠프의 전략적 루머 대응 프레임워크 도입 후, 소규모 루머의 확산이 73% 감소했고, 대응이 필요한 심각한 루머의 수는 67% 줄어들었다. 특히 루머에 대한 과잉 대응으로 인한 역효과가 크게 감소했고, 캠프의 메시지는 루머보다 후보자의 강점과 비전에 더 초점을 맞출 수 있었다.

실행 TODO 리스트:

- 루머 평가 매트릭스 개발하기(확산 범위, 신뢰 위협, 증거 가능성, 자연 소멸성)
- 대응 전략 스펙트럼(무시, 간접 대응, 제한적 대응, 사실 중심, 완전 반

박)별 지침 문서화하기
- 루머 대응 역치(언제, 어떤 루머에 공식 대응할지)를 정의하기
- 후보자에 관한 모든 사실을 정리한 '진실 은행' 구축하기
- 주요 발생 가능 루머에 대한 예방적 진실 접종 콘텐츠 준비하기
- 루머 모니터링 시스템 구축하기(소셜미디어, 커뮤니티, 메시징 앱 등)
- 직접적 부인 없이 사실을 강조하는 메시지 템플릿 개발하기
- 루머 확산 경로별 차단 전략 수립하기
- 신뢰할 수 있는 제3자 지지자 네트워크 구축하기
- 루머 대응 후 효과 측정 시스템 마련하기

점검 체크리스트

- 우리 캠프에 관한 루머를 평가하고 적절한 대응 수준을 결정하는 명확한 기준이 있는가?
- 모든 루머에 즉각적으로 대응하기보다 전략적으로 대응하고 있는가?
- 루머를 직접 반복하지 않고 진실을 효과적으로 전달하는 방법을 사용하고 있는가?
- 발생 가능한 루머에 대해 선제적 '진실 접종' 전략을 실행하고 있는가?
- 루머 대응이 의도치 않게 루머를 더 확산시키는 역효과를 모니터링하고 있는가?

‖ 악플과 반응의 심리전 ‖

"온라인 공간에서의 부정적 댓글과 악플은 단순한 소음이 아니라 여론 형성에 영향을 미치는 강력한 요소입니다. 악플에 대한 반응은 전략적 결정이어야 합니다."

부산의 한 구청장 선거에서 I 후보 캠프는 온라인 악플 대응에 어려움을 겪었다. 그들은 때로는 모든 악플을 무시했고, 때로는 과도하게 반응하여 불필요한 논쟁을 일으켰다. 특히 소셜미디어와 유튜브 댓글에서 부정적 의견이 우세해지자 지지자들조차 의기소침해졌다.

I 후보의 디지털 전략가는 "전략적 악플 대응 시스템"을 개발했다. 이는 모든 부정적 댓글을 동일하게 취급하는 대신, 댓글의 성격과 영향력에 따라 차별화된 접근법을 적용하는 체계적인 방식이었다.

NYU 소셜미디어 연구소의 "온라인 담론 역학" 연구에 따르면, 온라인 공간에서의 부정적 댓글은 단순한 개인 의견 표현을 넘어 '여론의 착시'를 만들어낼 수 있다. 소수의 부정적 목소리가 다수의 침묵하는 지지자들보다 더 큰 영향력을 가질 수 있다는 것이다.

I 후보 캠프의 악플 대응 시스템은 다음과 같은 요소로 구성되었다:

1. 댓글 유형 분류 및 대응 전략
   • **정당한 비판**: 진지하게 수용하고 건설적으로 대응

- **오해 기반**: 정보 제공과 설명으로 대응
- **악의적 공격**: 선택적 대응과 기록 유지
- **가짜 정보**: 사실 제시를 통한 경정
- **조직적 활동**: 패턴 파악과 전략적 대응

2. 대응 원칙과 가이드라인
- **냉정 유지**: 감정적 대응 지양, 전문적 태도 유지
- **사실 중심**: 명확한 사실과 데이터 기반 대응
- **공개성**: 숨기거나 회피하지 않는 투명한 접근
- **비례성**: 댓글의 영향력과 가시성에 비례한 대응
- **품격 유지**: 후보자의 가치와 일관된 품위 있는 소통

3. 긍정적 담론 조성 전략
- **지지자 참여 유도**: 활발한 긍정적 목소리 조성
- **가치 있는 대화 촉진**: 건설적 토론 장려
- **커뮤니티 가이드라인**: 명확한 참여 규칙 제시
- **모범 사례 인정**: 좋은 대화 참여자 인정과 강화

4. 모니터링 및 학습 시스템
- **담론 패턴 추적**: 반복되는 주제와 비판 식별
- **감정 분석**: 댓글 전체의 감정적 톤 모니터링
- **인사이트 도출**: 비판에서 유용한 피드백 추출
- **대응 효과성 평가**: 다양한 대응 방식의 결과 측정

특히 주목할 만한 것은 I 후보 캠프의 "20-60-20 규칙"이었다. 그들은 온라인 댓글을 세 그룹으로 나누었다: 20%의 강한 지지층, 60%의 중간 관찰자층, 20%의 강한 반대층. 이 규칙에 따라, 대응

의 주요 목표는 강한 반대층을 설득하는 것이 아니라, 중간 관찰자층에게 후보자의 합리성과 개방성을 보여주는 것이었다.

또한 I 후보 캠프는 "전략적 무시와 대응의 맥락화"를 실천했다. 그들은 영향력이 낮은 악플은 의도적으로 무시하고, 대응이 필요한 경우에는 개별 댓글에 반응하기보다 종합적인 관점에서 주요 우려 사항을 정리하여 대응했다. 이는 개인 공격에 휘말리지 않으면서도 정당한 우려에 응답하는 균형을 가능하게 했다.

정치 디지털 전략가 케이틀린 헤이든은 이렇게 말했다. "온라인 댓글란에서의 진짜 청중은 댓글을 다는 사람이 아니라, 그것을 지켜보는 침묵하는 다수다. 그들에게 메시지를 전달하라."

I 후보 캠프는 또한 "긍정적 댓글 생태계" 조성에 주력했다. 그들은 지지자들에게 건설적인 참여 방법에 대한 가이드라인을 제공하고, 댓글 섹션에서 정보력 있고 긍정적인 대화를 장려했다. 이는 단순히 부정적 목소리에 대응하는 것을 넘어, 온라인 공간 자체의 분위기를 변화시키는 접근법이었다.

I 후보 캠프의 전략적 악플 대응 시스템 도입 후, 소셜미디어 채널의 긍정적 댓글 비율은 34%에서 62%로 증가했고, 건설적인 토론의 질도 크게 향상되었다. 또한 캠프는 악플에서 실질적인 정책 개선 아이디어를 발굴하고, 유권자들의 실제 우려 사항을 더 정확히 파악할 수 있게 되었다.

실행 TODO 리스트:

- 댓글 유형 분류 체계 개발하기(정당한 비판, 오해 기반, 악의적 공격,

가짜 정보, 조직적 활동)
- 각 댓글 유형별 대응 프로토콜 문서화하기
- 20-60-20 규칙에 기반한 대응 전략 수립하기
- 자주 제기되는 비판과 오해에 대한 표준 응답 개발하기
- 댓글 모니터링 시스템 구축하기(주요 채널, 키워드, 패턴 추적)
- 지지자들을 위한 건설적 참여 가이드라인 작성하기
- 댓글 감정 분석 도구 도입하여 전반적 분위기 추적하기
- 대응이 필요한 악플을 식별하기 위한 영향력 평가 기준 개발하기
- 댓글에서 유용한 피드백을 추출하는 분석 프로세스 수립하기
- 다양한 대응 전략의 효과성을 측정하는 평가 체계 구축하기

점검 체크리스트

- 우리가 온라인 댓글에 대응할 때 감정적이 아닌 전략적 결정을 내리고 있는가?
- 댓글의 유형과 영향력에 따라 차별화된 대응 전략을 적용하고 있는가?
- 온라인 공간에서 침묵하는 다수(중간 관찰자층)를 주요 청중으로 인식하고 메시지를 구성하고 있는가?
- 긍정적이고 건설적인 온라인 대화 환경을 조성하기 위한 적극적 전략이 있는가?
- 악플과 비판에서 유용한 인사이트와 피드백을 추출하는 과정이 있는가?

∥ 위기를 기회로 바꾸는 콘텐츠 포맷 ∥

"모든 위기에는 기회가 숨어 있습니다. 위기 상황을 단순히 방어하는 것을 넘어, 이를 후보자의 강점을 보여주고 지지층을 강화하는 기회로 전환할 수 있습니다."

경기도의 한 시의원 선거에서 J 후보 캠프는 여러 위기 상황에서 방어적 대응에만 집중했다. 그들은 루머와 공격에 반박하는 데 많은 시간과 자원을 소비했지만, 이 과정에서 후보자의 메시지와 비전을 충분히 전달하지 못했다. 위기 대응은 항상 수동적이고 반응적이었다.

J 후보의 콘텐츠 디렉터는 "위기 전환 콘텐츠 전략"을 개발했다. 이는 위기 상황을 단순히 관리하는 것을 넘어, 이를 후보자의 강점을 드러내고 더 강력한 메시지를 전달하는 기회로 활용하는 접근법이었다.

하버드 비즈니스 스쿨의 "위기 커뮤니케이션 전환" 연구에 따르면, 위기 상황에서 단순 방어를 넘어 가치와 비전을 연결한 대응을 한 리더는 위기 후 신뢰도가 오히려 27% 상승하는 경향이 있다. 이는 "위기 강화 효과(Crisis Enhancement Effect)"라고 불린다.

J 후보 캠프의 위기 전환 콘텐츠 전략은 다음과 같은 요소로 구성되었다:

1. 전환 내러티브 프레임워크
  • 도전→성장: 위기를 학습과 발전의 기회로 재구성

- **비난→비전**: 방어에서 미래 비전으로 대화 전환
- **약점→강점**: 공격받는 부분을 강점과 연결하여 재해석
- **분열→단합**: 갈등 상황을 공동체 가치 강화로 전환

2. 위기 전환 콘텐츠 포맷
- **투명성 시리즈**: 후보자가 직접 이슈를 솔직하게 다루는 영상
- **심층 컨텍스트**: 단순한 해명을 넘어 깊은 맥락과 배경 제공
- **대화 포럼**: 비판자를 포함한 다양한 이해관계자와의 대화
- **행동 중심 콘텐츠**: 말이 아닌 구체적 행동을 보여주는 다큐멘터리

3. 채널 및 타이밍 전략
- **플랫폼 다변화**: 다양한 채널을 통한 입체적 메시지 전달
- **단계적 전개**: 위기 단계별 최적의 콘텐츠 포맷 선택
- **주도권 확보**: 반응적 대응이 아닌 대화의 주도권 장악

4. 지지층 활성화 요소
- **참여형 요소**: 지지자들이 직접 참여할 수 있는 기회 제공
- **공유 가능성**: 쉽게 공유하고 확산할 수 있는 콘텐츠 설계
- **소속감 강화**: 공동의 가치와 비전을 중심으로 한 연대감 조성

특히 주목할 만한 것은 J 후보 캠프의 "투명성 시리즈"였다. 이는 후보자가 직접 카메라 앞에서 논란이 된 이슈에 대해 솔직하게 이야기하는 영상 시리즈였다. 형식은 간단했다: 단순한 배경, 직접적인 시선 접촉, 편집되지 않은 자연스러운 대화. 이 접근법은 방어적인 보도자료나 성명서보다 훨씬 더 진정성 있게 받아들여졌다.

또한 J 후보 캠프는 "이슈에서 가치로의 전환" 전략을 개발했다.

그들은 모든 위기 상황에서 구체적인 이슈에 갇히지 않고, 그 이슈가 연결된 더 큰 가치와 비전으로 대화를 확장했다. 예를 들어, 예산 사용에 대한 비판에 직면했을 때, 단순히 숫자를 해명하는 대신 재정 투명성에 대한 그들의 더 큰 비전과 구체적인 제안을 소개했다.

정치 커뮤니케이션 전문가 로버트 치알디니는 이렇게 말했다. "인간의 뇌는 부정보다 긍정에, 문제보다 해결책에 더 강하게 반응한다. 위기 상황에서 단순히 비판을 반박하는 것보다, 더 설득력 있는 대안적 이야기를 제시하는 것이 더 효과적이다."

J 후보 캠프의 또 다른 혁신적 접근법은 "비판자 참여 포럼"이었다. 그들은 일부 비판자들을 초대하여 후보자와 직접 대화하는 공개 포럼을 개최했다. 이는 상당한 위험이 따르는 전략이었지만, 후보자의 열린 자세와 진정성을 드러내는 강력한 신호가 되었다. 이 포럼은 라이브스트리밍되었고, 예상보다 훨씬 긍정적인 반응을 얻었다.

J 후보 캠프의 위기 전환 콘텐츠 전략 도입 후, 위기 상황에 대한 긍정적 반응은 평균 64% 증가했고, 콘텐츠 공유율은 189% 상승했다. 특히 일부 위기 상황은 실제로 지지율 향상으로 이어져, 진정한 의미에서 "위기를 기회로" 전환하는 데 성공했다.

실행 TODO 리스트:

- 네 가지 전환 내러티브 프레임워크(도전→성장, 비난→비전, 약점→강점, 분열→단합) 활용 가이드 작성하기
- 투명성 시리즈 콘텐츠 포맷 개발하기(후보자가 직접 카메라를 향해 말

하는 형식)
- 잠재적 위기 상황별로 연결할 수 있는 더 큰 가치와 비전 목록 만들기
- 위기 유형별 최적의 콘텐츠 포맷 매핑하기
- 지지자들이 위기 상황에서 참여할 수 있는 구체적 방법 설계하기
- 비판자 참여 포럼 운영 계획과 안전장치 마련하기
- 위기 단계별(초기, 고조, 해소) 콘텐츠 전략 수립하기
- 위기 콘텐츠의 효과성 측정을 위한 지표 설정하기
- 다양한 플랫폼별로 최적화된 위기 전환 콘텐츠 템플릿 개발하기
- 위기 상황에서 활용할 수 있는 상징적 행동과 시각적 요소 계획하기

점검체크리스트

- 우리가 위기 상황을 단순히 방어하는 것을 넘어 더 큰 가치와 비전을 전달하는 기회로 활용하고 있는가?
- 각 위기 유형에 맞는 가장 효과적인 콘텐츠 포맷이 준비되어 있는가?
- 투명성과 진정성을 효과적으로 전달할 수 있는 콘텐츠 방식을 활용하고 있는가?
- 위기 상황에서 지지자들을 효과적으로 참여시키고 활성화하는 전략이 있는가?
- 위기 대응이 단순한 방어를 넘어 대화의 주도권을 확보하고 의제를 재설정하는 데 성공하고 있는가?

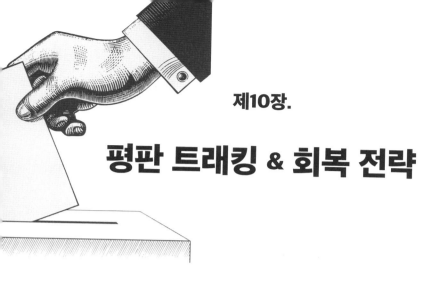

제10장.

평판 트래킹 & 회복 전략

‖ 평판 모니터링 툴 비교 및 추천 ‖

"당신이 모르는 사이에도 당신의 평판은 끊임없이 형성되고 있습니다. 효과적인 모니터링은 위기를 조기에 감지하고, 기회를 포착하며, 전략을 최적화하는 기반입니다."

경기도의 한 국회의원 선거에서 K 후보 캠프는 평판 모니터링에 어려움을 겪었다. 그들은 일부 채널만 비정기적으로 확인했고, 이로 인해 여러 온라인 커뮤니티에서 확산하던 중요한 루머를 뒤늦게 발견했다. 또한 수집된 데이터도 체계적으로 분석되지 않아 전략적 의사결정에 활용되지 못했다.

K 후보의 데이터 분석가는 "통합 평판 모니터링 시스템"을 구축했다. 이는 다양한 디지털 채널에서 후보자 관련 언급을 실시간으로 추적하고, 이를 의미 있는 인사이트로 변환하는 종합적인 시스템이었다.

MIT 미디어랩의 "정치적 디지털 평판" 연구에 따르면, 체계적인 모니터링 시스템을 갖춘 캠프는 평균적으로 위기 상황을 4.7일 더 일찍 감지하고, 여론 변화에 2.3배 더 민감하게 대응한다.

K 후보 캠프의 평판 모니터링 시스템은 다음과 같은 요소로 구성되었다:

1. 모니터링 플랫폼 에코시스템
   - **소셜미디어 모니터링**: 트위터, 페이스북, 인스타그램, 유튜브 등
   - **뉴스 및 미디어 트래킹**: 온라인 뉴스, 블로그, 포털 사이트 등
   - **커뮤니티 모니터링**: 주요 지역 커뮤니티, 온라인 포럼 등
   - **검색 트렌드 분석**: 구글, 네이버 등의 검색어 트렌드
   - **자체 채널 성과**: 캠프 운영 채널의 참여도 및 성과지표
2. 도구 선택 및 통합
   - **무료 도구**: Google Alerts, 네이버 데이터랩, 소셜미디어 기본 분석 도구
   - **중급 도구**: Brand24, Talkwalker, Sprout Social 등의 준전문가용 도구
   - **전문 솔루션**: Brandwatch, Meltwater 등의 고급 모니터링 플랫폼
   - **맞춤형 솔루션**: 특정 채널(예: 지역 커뮤니티)을 위한 커스텀 모니터링
3. 데이터 수집 및 분석 프레임워크
   - **키워드 전략**: 후보자 이름, 핵심 정책, 주요 이슈 등 포괄적 키워드 설정

- **데이터 정제**: 노이즈 필터링 및 중복 제거
- **정량 분석**: 언급량, 도달 범위, 감정 분석, 참여도 등
- **정성 분석**: 주요 테마, 내러티브, 특이점 등 파악

4. 인사이트 및 액션 시스템

- **일일 리포트**: 핵심 지표와 중요 발견점 요약
- **위기 알림**: 비정상적 패턴 감지 시 즉시 알림
- **주간 분석**: 트렌드 및 심층 인사이트 도출
- **전략 피드백 루프**: 모니터링 결과를 전략 조정에 활용

K 후보 캠프는 다양한 평판 모니터링 도구를 비교 분석한 후, 세 가지 수준의 도구를 조합한 접근법을 선택했다:

1. **기본 레이어(무료)**: Google Alerts, 소셜미디어 기본 분석, 네이버 데이터랩
   - **장점**: 비용 없음, 기본적인 트렌드 파악 가능
   - **단점**: 제한된 데이터 심도, 제한적인 분석 기능
2. **중간 레이어(적정 비용)**: Brand24, Talkwalker Free
   - **장점**: 합리적인 비용, 더 넓은 데이터 범위, 기본적인 감정 분석
   - **단점**: 일부 한국 채널에 제한적인 접근
3. **심층 레이어(맞춤형)**: 지역 커뮤니티 전담 모니터링 팀, 자체 개발 트래킹 도구
   - **장점**: 지역 특화 채널 접근, 맥락적 이해를 통한 정확한 분석
   - **단점**: 인력 자원 필요, 확장성 제한

특히 주목할 만한 것은 K 후보 캠프의 "평판 신호등 시스템"이었다. 그들은 모니터링 데이터를 직관적으로 이해할 수 있도록 신호등 색상 코드를 활용했다:

- **녹색**: 긍정적 여론, 안정적 상황
- **노란색**: 주의가 필요한 변화, 잠재적 이슈
- **빨간색**: 즉각적인 대응이 필요한 위기 상황

이 신호등 시스템은 복잡한 데이터를 간단하게 시각화하여 캠프 전체가 평판 상황을 쉽게 이해하고 적절히 대응할 수 있게 했다.

또한 K 후보 캠프는 "소리 없는 다수(Silent Majority)" 모니터링에 특별히 주목했다. 그들은 적극적으로 의견을 표현하는 소수뿐만 아니라, 댓글을 달지 않지만 콘텐츠를 소비하는 다수의 유권자 행동을 추적하는 방법을 개발했다. 이를 위해 웹사이트 히트맵, 콘텐츠 체류 시간, 그리고 "조용한 참여" 지표(예: 읽기만 하고 반응하지 않는 비율)를 분석했다.

데이터 분석 전문가 네이트 실버는 이렇게 말했다. "정치에서 가장 중요한 의견은 종종 가장 조용히 표현된다. 소리 지르는 사람들만 들으면 잘못된 그림을 볼 수 있다."

K 후보 캠프의 통합 평판 모니터링 시스템 구축 후, 그들은 잠재적 위기를 평균 6.3일 더 일찍 감지할 수 있었고, 지역 온라인 커뮤니티에서의 여론 변화를 실시간으로 파악할 수 있었다. 또한 수집된 데이터는 메시지 개발, 이슈 우선순위 설정, 자원 할당 등 전략적 의사결정에 직접 활용되었다.

- 후보자 평판 모니터링을 위한 핵심 채널 목록 작성하기(소셜미디어, 뉴스, 커뮤니티 등)
- 무료, 중급, 고급 모니터링 도구 비교표 만들기(비용, 기능, 장단점 포함)
- 예산과 필요에 맞는 모니터링 도구 조합 선택하기
- 후보자 관련 포괄적 키워드 목록 개발하기(이름 변형, 주요 정책, 경쟁 후보 관련 등)
- 평판 건강도를 측정할 핵심 지표(KPI) 정의하기
- 일일/주간/월간 모니터링 보고서 템플릿 개발하기
- 위기 징후 감지를 위한 알림 역치 설정하기
- 평판 신호등 시스템 구현하기(녹색/노란색/빨간색 상태 정의)
- 모니터링 인사이트를 전략적 의사결정에 연결하는 프로세스 수립하기
- 지역 특화 채널(맘카페, 지역 커뮤니티 등)을 위한 맞춤형 모니터링 방안 개발하기

‖ 키워드 설정과 감정 분석법 ‖

"모니터링의 정확도와 가치는 키워드 설정에서 시작됩니다. 올바른 키워드와 감정 분석 기법은 수백만 개의 온라인 대화에서 진정한 인사이트를 발견할 수 있게 합니다."

서울의 한 구청장 선거에서 L 후보 캠프는 키워드 설정의 중요성을 간과했다. 그들은 후보자 이름만을 추적했고, 이로 인해 정책 이슈나 간접적 언급에 관한 중요한 대화를 놓쳤다. 또한 단순히 언

급량만 측정하고 감정 분석은 하지 않아, 증가하는 언급이 긍정적인지 부정적인지 파악하지 못했다.

L 후보의 데이터 분석가는 "정밀 키워드 생태계와 맥락적 감정 분석" 방법론을 개발했다. 이는 포괄적이면서도 정확한 키워드 구조를 설계하고, 단순한 극성(긍정/부정) 너머의 감정 분석을 가능하게 하는 접근법이었다.

스탠퍼드 NLP 연구소의 "정치적 담론 분석" 연구에 따르면, 정교한 키워드 전략과 맥락적 감정 분석을 활용한 캠페인은 여론 변화를 평균 76% 더 정확하게 예측한다.

L 후보 캠프의 키워드 설정과 감정 분석 방법론은 다음과 같은 요소로 구성되었다:

1. 키워드 생태계 구축
   - **핵심 식별자**: 후보자 이름과 모든 변형(별명, 오타, 줄임말 등)
   - **정책 키워드**: 주요 정책과 관련된 용어와 표현
   - **지역 특화 용어**: 지역 이슈와 관련된 고유 표현
   - **경쟁 키워드**: 경쟁 후보와의 비교 언급을 포착하는 조합
   - **이슈 키워드**: 주요 논쟁점이나 위기와 관련된 용어
2. 불리언 검색 최적화
   - AND/OR/NOT 연산자를 활용한 정밀 검색식
   - 관련성 높은 결과를 위한 근접성 연산자 활용
   - 불필요한 노이즈를 제거하는 제외 조건
   - 검색식 정기적 테스트 및 최적화
3. 맥락적 감정 분석 프레임워크

- **기본 감정 분석**: 긍정/부정/중립 분류
- **심층 감정 매핑**: 지지, 우려, 분노, 희망, 불신 등 세분화한 감정
- **맥락 요소 고려**: 정치적 성향, 채널 특성, 시기적 요소 등
- **비언어적 요소 분석**: 이모지, 밈, 시각적 콘텐츠의 감정 해석

4. 트렌드 및 패턴 분석

- **시간대별 변화**: 감정 흐름의 시계열 분석
- **채널 간 비교**: 각 플랫폼별 감정 차이 분석
- **세그먼트 분석**: 인구통계학적 그룹별 감정 차이
- **트리거 식별**: 감정 변화를 일으키는 주요 사건 추적

특히 주목할 만한 것은 L 후보 캠프의 "키워드 동심원 모델"이었다. 그들은 키워드를 중요도와 연관성에 따라 여러 층위로 구조화했다:

- **중심 원**: 후보자 이름과 직접적 식별자
- **2층 원**: 핵심 정책과 메시지
- **3층 원**: 주요 지역 이슈와 관심사
- **4층 원**: 간접적 언급과 맥락적 대화
- **외부 원**: 넓은 정치적 담론과 경쟁 후보 관련

이 모델을 통해 그들은 가장 중요한 키워드에 집중하면서도, 더 넓은 맥락의 대화도 놓치지 않을 수 있었다.

또한 L 후보 캠프는 "한국형 정치 감정 사전"을 개발했다. 기존의 많은 감정 분석 도구는 영어 기반이거나 일반적인 맥락에 최적

화되어 있어, 한국 정치의 특수한 언어와 표현을 정확히 분석하지 못했다. 그들의 맞춤형 감정 사전은 정치적 맥락에서 자주 사용되는 표현, 은유, 반어법 등을 포함했고, 이를 통해 분석 정확도를 크게 향상시켰다.

데이터 사이언티스트 김태호는 이렇게 말했다. "정치적 담론에서는 '좋다'와 '나쁘다'만으로는 충분하지 않다. '관심 있다', '공감한다', '의심한다', '실망했다'와 같은 미묘한 감정의 차이가 유권자 행동을 예측하는 데 중요하다."

L 후보 캠프는 또한 "감정 변화 시그널링" 기법을 개발했다. 이는 단순히 현재 감정 상태를 측정하는 것을 넘어, 감정의 변화 패턴과 방향을 추적하는 방법이었다. 예를 들어, 부정적이지만 개선되는 추세는 단순히 부정적인 상태보다 더 희망적인 신호일 수 있다.

L 후보 캠프의 정밀 키워드 생태계와 맥락적 감정 분석 도입 후, 그들의 모니터링 정확도는 43% 향상되었고, 여론 변화 예측 성공률은 68% 증가했다. 특히 지역 특화 이슈와 관련된 미묘한 여론 변화를 포착하는 능력이 크게 개선되었다.

실행 TODO 리스트:

- 후보자 관련 모든 직접적 식별자 목록 작성하기(정식 이름, 별명, 자주 발생하는 오타 등)
- 동심원 모델에 따라 주요 정책, 지역 이슈, 간접 언급 키워드 계층화하기
- 불리언 검색식 개발하기(AND/OR/NOT 연산자 활용)

- 검색식 테스트하여 정확도와 관련성 확인하기
- 한국 정치 맥락에 맞는 감정 분석 사전 개발하기
- 기본 감정(긍정/부정/중립) 너머의 세분화한 감정 분류 체계 수립하기
- 채널별 특성을 고려한 맥락적 감정 분석 가이드라인 작성하기
- 이모지, 밈, 시각 콘텐츠 해석을 위한 참조 가이드 만들기
- 감정 트렌드 추적을 위한 시계열 분석 방법론 수립하기
- 키워드 및 감정 분석의 효과성을 정기적으로 평가하고 최적화하는 프로세스 구축하기

‖ 이슈 확산 시 3단계 대응 구조 ‖

"디지털 공간에서 이슈는 충분히 빠르게 대응하지 않으면 걷잡을 수 없이 확산됩니다. 그러나 준비된 3단계 대응 구조가 있다면, 위기를 효과적으로 관리하고 평판 손상을 최소화할 수 있습니다."

인천의 한 시장 선거에서 M 후보 캠프는 급속히 확산하는 이슈에 체계적으로 대응하지 못했다. 그들은 이슈가 이미 널리 퍼진 후에야 대응을 시작했고, 그마저도 일관성 없는 메시지와 비조직적인 방식으로 이루어졌다. 결과적으로 작은 오해가 큰 위기로 발전했다.

M 후보의 위기관리 책임자는 "이슈 확산 3단계 대응 프로토콜"을 개발했다. 이는 이슈 확산의 각 단계에 맞춘 차별화된 대응 전략을 적용하는 체계적인 접근법이었다.

MIT 디지털 정치연구소의 "위기 확산 역학" 연구에 따르면, 이

슈는 보통 세 단계로 확산한다: 초기 트리거, 가속화, 그리고 대중화. 각 단계는 서로 다른 특성을 가지며, 따라서 각기 다른 대응 전략이 필요하다.

M 후보 캠프의 3단계 대응 구조는 다음과 같았다:

1. **1단계: 초기 감지 및 봉쇄 (골든타임)**
   - **시간 프레임**: 이슈 발생 후 첫 1~3시간
   - **핵심 목표**: 확산 방지, 정확한 정보 제공, 맥락 설정
   - **대응 방식**:
   - 신속한 초기 대응 (내부 채널 및 직접 영향권)
   - 명확한 사실 제시 및 오해 정정
   - 주요 영향자/지지자에게 정확한 정보 제공
   - **의사결정 구조**: 신속 대응팀 (2~3명)의 즉각 대응
2. **2단계: 전략적 대응 및 내러티브 형성**
   - **시간 프레임**: 이슈 발생 후 3-24시간
   - **핵심 목표**: 내러티브 주도권 확보, 체계적 대응, 확산 감속
   - **대응 방식**:
   - 종합적인 대응 메시지 및 자료 배포
   - 모든 관련 채널에서의 일관된 메시지 전달
   - 제3자 지지 및 검증 확보
   - 대화의 프레임 재설정
   - **의사결정 구조**: 위기 대응 코어팀 (4~6명)의 조율된 전략
3. **3단계: 광범위 대응 및 회복**
   - **시간 프레임**: 이슈 발생 후 24시간~1주일

- **핵심 목표**: 장기적 평판 회복, 교훈 도출, 긍정적 내러티브로 전환
- **대응 방식**:
- 종합적인 해명 및 맥락 제공
- 공식 성명 및 심층 설명 자료 배포
- 후속 조치 및 재발 방지 계획 공유
- 핵심 메시지로 대화 재초점화
- **의사결정 구조**: 전체 리더십 팀의 장기 전략 수립

특히 주목할 만한 것은 M 후보 캠프의 "골든 타임 프로토콜"이었다. 그들은 이슈 확산의 첫 1~3시간을 '골든 타임'으로 정의하고, 이 시간 동안 최대한 신속하게 대응하는 것을 최우선으로 했다. 이를 위해 24시간 모니터링 시스템과 미리 준비된 대응 템플릿을 갖추었다.

골든 타임 프로토콜에는 "3-30-180 규칙"이 포함되었다:

- **3분 이내**: 이슈 인지 및 임시 대응 결정
- **30분 이내**: 필수 사실 확인 및 초기 대응 실행
- **180분 이내**: 종합적인 대응 전략 수립 및 확산 경로 차단

또한 M 후보 캠프는 "다채널 동시 대응" 전략을 개발했다. 그들은 이슈가 확산하는 모든 채널에 동시에 대응하되, 각 채널의 특성에 맞게 메시지를 조정했다. 예를 들어, 트위터에서는 간결하고 직접적인 메시지, 페이스북에서는 좀 더 설명적인 내용, 그리고 공식

웹사이트에서는 포괄적인 해명과 배경 정보를 제공했다.

위기관리 전문가 스티븐 핑크는 이렇게 말했다. "디지털 위기의 특성은 그 속도에 있다. 과거에는 하루나 이틀이 대응할 시간이었지만, 지금은 분 단위로 결정해야 한다."

또 다른 중요한 요소는 M 후보 캠프의 "확산 패턴 매핑"이었다. 그들은 각 유형의 이슈가 어떤 경로로 확산하는지 패턴을 분석하고, 이에 맞춘 대응 전략을 준비했다. 예를 들어, 지역 현안 관련 이슈는 보통 지역 커뮤니티에서 시작해 지역 언론으로 확산하는 경향이 있었고, 후보자 개인에 관한 이슈는 소셜미디어에서 시작해 전국 언론으로 확산하는 패턴을 보였다.

M 후보 캠프의 이슈 확산 3단계 대응 프로토콜 도입 후, 위기 상황의 평균 지속시간이 76% 감소했고, 초기에 효과적으로 대응한 이슈의 81%는 2단계 확산으로 진행되지 않았다. 또한 위기 상황에서도 캠프의 대응이 일관되고 전략적이라는 인상을 주어, 오히려 후보자의 위기관리 능력에 대한 긍정적 평가로 이어지는 경우도 있었다.

실행 TODO 리스트:

- 3단계 대응 프로토콜 문서화하기(초기 감지, 전략적 대응, 광범위 대응)
- 골든 타임(첫 1~3시간) 대응을 위한 상세 체크리스트 작성하기
- 3-30-180 규칙에 따른 역할과 책임 할당하기
- 24/7 모니터링 시스템 구축하기
- 주요 이슈 유형별 대응 템플릿 미리 준비하기

- 각 채널별로 최적화된 대응 메시지 형식 개발하기
- 신속한 의사결정을 위한 긴급 권한 체계 수립하기
- 이슈 확산 패턴을 채널별, 주제별로 매핑하기
- 주요 이해관계자 및 지지자에게 신속히 알릴 연락망 구축하기

‖ 실시간 피드백 시스템 구축 ‖

특히 주목할 만한 것은 N 후보 캠프의 "피드백 삼각측량" 접근법이었다. 그들은 어떤 이슈나 메시지에 대해 최소 세 가지 다른 유형의 피드백 채널에서 데이터를 수집하여 비교했다. 예를 들어, 새로운 정책 발표에 대해 소셜미디어 반응, 현장 자원봉사자 보고, 그리고 웹사이트 참여 데이터를 종합적으로 분석했다. 이를 통해 단일 채널의 편향을 줄이고 더 정확한 전체 그림을 볼 수 있었다.

또한 N 후보 캠프는 "피드백 속도 계층화" 시스템을 개발했다. 모든 피드백을 세 가지 속도로 처리했다:

1. **즉시 대응(실시간)**: 위기 징후, 급속 확산 중인 오해, 중요한 기회
2. **일일 대응(24시간 내)**: 중요하지만 급하지 않은 패턴과 트렌드
3. **전략적 대응(주간)**: 장기적 패턴, 심층 인사이트, 전략적 시사점

이 계층화는 중요한 신호에 신속히 대응하면서도, 더 큰 패턴과 인사이트를 놓치지 않는 균형을 가능하게 했다.

데이터 전략가 에이미 웹은 이렇게 말했다. "현대 정치에서 피드백 루프의 속도는 승패를 결정한다. 어제의 데이터로 오늘의 결정을 내리는 캠프는 이미 뒤처진 것이다."

N 후보 캠프의 또 다른 혁신은 "피드백 민주화"였다. 그들은 피드백 대시보드에 캠프의 모든 구성원이 접근할 수 있게 했고, 주요 인사이트를 일일 이메일 다이제스트로 공유했다. 또한 주간 "피드백 라운드테이블" 세션을 통해 다양한 팀의 관점에서 데이터를 해석하고 의미를 도출했다. 이는 모든 구성원이 유권자의 목소리에 직접 연결되는 문화를 형성했다.

N 후보 캠프의 360도 실시간 피드백 시스템 구축 후, 메시지 조정 속도는 평균 76% 향상되었고, 위기 대응 시간은 63% 단축되었다. 특히 콘텐츠 참여율은 지속적인 최적화를 통해 3개월 만에 134% 증가했다. 캠프는 유권자의 관심사와 우려를 더 정확히 이해하게 되었고, 이는 더 공감되는 메시지로 이어졌다.

실행 TODO 리스트:

- 다양한 피드백 채널 매핑하기(디지털, 직접, 익명, 데이터 채널)
- 핵심 피드백 지표(KPI) 정의하기
- 실시간 피드백 대시보드 설계하기
- 피드백 속도 계층화 시스템 구축하기(즉시, 일일, 전략적 대응)
- 피드백 삼각측량을 위한 채널 조합 정의하기
- 캠프 전체가 접근 가능한 피드백 공유 시스템 수립하기
- 일일 피드백 다이제스트 이메일 템플릿 만들기
- 주간 피드백 라운드테이블 미팅 일정 및 형식 수립하기

- 피드백에 기반한 A/B 테스트 프로세스 개발하기
- 피드백을 통해 얻은 교훈을 문서화하는 지식 관리 시스템 구축하기

점검 체크리스트

- 우리 캠프가 다양한 채널에서 종합적인 피드백을 수집하고 있는가?
- 수집된 피드백이 실행 가능한 인사이트로 변환되고 있는가?
- 피드백에 대한 대응이 적절한 속도와 우선순위로 이루어지고 있는가?
- 캠프의 모든 구성원이 피드백에 접근하고 이해할 수 있는가?
- 피드백을 통해 배운 교훈이 체계적으로 기록되고 공유되고 있는가?

‖ 회복 메시지의 타이밍과 포맷 ‖

"디지털 평판 위기 후에는 단순히 상처를 치료하는 것을 넘어, 더 강한 신뢰를 재구축할 수 있는 기회가 있습니다. 회복 메시지의 타이밍과 포맷이 이 과정의 성공을 결정합니다."

서울의 한 구의원 선거에서 O 후보 캠프는 위기 대응 후 평판 회복에 어려움을 겪었다. 그들은 위기 상황이 진정된 후 곧바로 평소

처럼 캠페인을 재개했지만, 유권자들의 신뢰는 완전히 회복되지 않았다. 메시지는 위기 이전과 동일했고, 발생한 문제에 대한 충분한 성찰이나 변화의 증거가 보이지 않았다.

O 후보의 커뮤니케이션 디렉터는 "평판 회복 로드맵"을 개발했다. 이는 위기 후 신뢰를 단계적으로 재구축하기 위한 체계적인 메시지 전략이었다.

하버드 케네디 스쿨의 "정치적 신뢰 회복" 연구에 따르면, 위기 후 평판 회복은 단일 사건이 아니라 일련의 단계를 통해 이루어진다. 각 단계는 서로 다른 심리적 필요에 대응하며, 이 순서를 존중하는 것이 중요하다.

O 후보 캠프의 평판 회복 로드맵은 다음과 같은 요소로 구성되었다:

1. 회복 단계별 메시지 전략
   - **인정 단계**: 상황과 영향에 대한 완전한 인정
   - **성찰 단계**: 교훈과 변화에 대한 진정한 성찰
   - **재건 단계**: 구체적인 개선 행동과 증거 제시
   - **재연결 단계**: 핵심 가치와 비전으로의 재초점화
2. 타이밍 전략
   - **심리적 준비도**: 각 단계로 넘어가기 위한 청중의 준비 상태 평가
   - **점진적 진행**: 충분한 시간과 공간을 두고 단계 전환
   - **맥락 감응성**: 외부 이벤트와 분위기에 맞춘 조정
   - **일관된 지속성**: 단기적 반응이 아닌 지속적인 과정으로 접근

3. 채널 및 포맷 최적화
- **인정 단계**: 공식적, 직접적, 포괄적인 소통(영상 성명, 공식 서한)
- **성찰 단계**: 개인적, 구체적, 솔직한 소통(인터뷰, 에세이)
- **재건 단계**: 증거 중심, 참여적, 투명한 소통(진행 보고서, 커뮤니티 참여)
- **재연결 단계**: 영감적, 미래 지향적, 포용적 소통(비전 연설, 공동체 이벤트)

4. 신뢰 지표 추적
- **정량적 지표**: 언급량, 감정 분석, 참여율, 지지도 조사
- **정성적 지표**: 댓글 톤, 지지자 피드백, 미디어 프레이밍
- **단계별 목표**: 각 회복 단계별 성공 지표 설정
- **조정 메커니즘**: 진전이 없을 경우의 접근법 변경 계획

특히 주목할 만한 것은 O 후보 캠프의 "신뢰 은행 재건" 접근법이었다. 그들은 위기 후 신뢰를 은행 계좌처럼 점진적으로 재구축해야 한다고 보았다. 큰 약속이나 화려한 선언 대신, 작지만 일관된 "신뢰 예금"을 통해 점진적으로 신뢰를 회복하는 전략을 택했다.

이 접근법에 따라, 그들은 "검증 가능한 약속" 시스템을 도입했다. 후보자는 소규모지만 구체적이고 즉시 검증 가능한 약속만을 했고, 이를 이행한 후 다음 약속으로 넘어갔다. 예를 들어, "투명성 향상을 위한 종합 계획"과 같은 큰 약속 대신, "매주 금요일 지출 내역 공개", "매월 첫째 주 주민 질의응답 세션 개최"와 같은 구체적 약속을 했다.

또한 O 후보 캠프는 "단계적 톤 진화" 전략을 개발했다. 회복의 각 단계에 맞는 톤과 언어 스타일을 사용했다:

- **인정 단계**: 겸손하고, 직접적이며, 책임감 있는 톤
- **성찰 단계**: 내성적이고, 솔직하며, 자기 인식이 담긴 톤
- **재건 단계**: 결정적이고, 실용적이며, 행동 중심적인 톤
- **재연결 단계**: 희망적이고, 포용적이며, 비전 지향적인 톤

정치 커뮤니케이션 전문가 앤 컴튼은 이렇게 말했다. "위기 후 회복에서 가장 큰 실수는 너무 빨리 '정상'으로 돌아가려는 것이다. 신뢰는 시간과 일관된 행동을 통해서만 재건된다."

또 다른 중요한 요소는 O 후보 캠프의 "옴니채널 일관성"이었다. 그들은 모든 채널에서 현재의 회복 단계에 맞는 일관된 메시지와 톤을 유지했다. 소셜미디어, 이메일, 연설, 캠프 구성원의 발언까지 모두 현재 단계의 회복 전략에 맞게 조정되었다. 이는 유권자들에게 일관된 경험을 제공하고, 변화의 진정성을 강화했다.

O 후보 캠프의 평판 회복 로드맵 실행 후, 신뢰 지표는 3개월에 걸쳐 점진적으로 개선되었다. 특히 "말과 행동의 일치"에 대한 인식은 위기 이전 수준을 넘어섰다. 가장 주목할 만한 것은 일부 유권자들이 위기 대응과 회복 과정에서 보여준 후보자의 태도를 오히려 강점으로 언급하기 시작했다는 점이다.

- 회복 로드맵의 4단계(인정, 성찰, 재건, 재연결) 상세 정의하기
- 각 단계별 핵심 메시지와 강조점 문서화하기
- 단계 전환을 결정하기 위한 신뢰 지표와 기준 설정하기
- 각 단계에 맞는 최적의 채널과 콘텐츠 포맷 매핑하기
- 단계별 적절한 톤과 언어 스타일 가이드라인 작성하기
- "신뢰 은행 재건"을 위한 소규모, 검증 가능한 약속 목록 만들기
- 모든 채널에서 메시지 일관성을 유지하기 위한 체크리스트 개발하기
- 회복 진행 상황을 측정할 정량적/정성적 지표 설정하기
- 진전이 없을 경우의 전략 조정 계획 수립하기
- 회복 과정에서 배운 교훈을 내부적으로 공유하고 문서화하는 시스템 구축하기

하버드 비즈니스 스쿨의 "디지털 시대의 리더십 신뢰" 연구에 따르면, 높은 투명성을 보이는 리더는 낮은 투명성을 보이는 리더보다 위기 상황에서 신뢰도가 3배 더 빠르게 회복된다. 이는 투명성이 단순한 윤리적 미덕을 넘어 실용적인 위기관리 도구임을 시사한다.

특히 주목할 만한 것은 W 시장의 "오픈 시티홀(Open City Hall)" 이니셔티브였다. 그는 모든 주요 시 정부 회의를 온라인으로 생중계했고, 시민들이 실시간으로 질문과 의견을 제출할 수 있게 했다. 더 나아가, 모든 회의 자료와 의사결정 문서를 디지털 아카이브에 공개했다. 이는 시민들에게 정부 운영의 내부를 볼 수 있는 전례 없는 접근성을 제공했다.

또한 W 시장은 "실패와 학습" 시리즈를 정기적으로 진행했다. 이는 시정의 실패나 오류를 솔직하게 인정하고, 그로부터 배운 교훈과 개선 계획을 공유하는 포맷이었다. 처음에는 이런 솔직함이 위험해 보였지만, 시간이 지남에 따라 이는 오히려 그의 진정성과 용기를 보여주는 강력한 브랜드 자산이 되었다.

정치 커뮤니케이션 학자 제니퍼 스트로머-갤리는 이렇게 말했다. "디지털 시대에는 완벽함보다 진정성이 더 강력한 정치적 자산이다. 실수를 인정하고 배움을 보여주는 정치인은 오히려 더 강한 신뢰를 구축한다."

W 시장의 "지켜보는 정치" 브랜드 전략은 놀라운 성과를 거두었다. 그의 시정 운영에 대한 시민 만족도는 취임 첫해에 62%에서 2년 후 81%로 상승했다. 특히 '신뢰성'과 '청렴성' 평가에서 그는 전국 평균을 크게 상회하는 점수를 받았다. 또한, 시민 참여율이 이전 행정부보다 156% 증가했으며, 위기 상황에서도 그의 지지율은 상대적으로 안정적으로 유지되었다.

실행 TODO 리스트:

- [ ] 투명성 브랜드 선언문 개발하기
- [ ] 시민들에게 공개할 정보의 범위와 형식 결정하기
- [ ] 의사결정 과정 공개를 위한 디지털 플랫폼 구축하기
- [ ] "비하인드 더 씬" 콘텐츠 시리즈 기획하기
- [ ] 디지털 타운홀 및 공개 협의 일정 수립하기
- [ ] 공약 및 목표 추적 대시보드 개발하기
- [ ] "실패와 학습" 커뮤니케이션 프로토콜 수립하기

- [ ] 실시간 질문 대응 메커니즘 구축하기
- [ ] 시민 주도 감사 및 검토 과정 설계하기
- [ ] 투명성 성과 측정을 위한 지표 설정하기

‖ 디지털 시대의 정치 레거시 구축법 ‖

"현대 정치인은 두 가지 레거시를 구축합니다: 하나는 물리적 세계의 업적이고, 다른 하나는 디지털 세계의 스토리입니다. 후자는 종종 전자보다 더 오래 기억됩니다."

전라북도의 한 군수 선거에서 당선된 X 군수는 열심히 일했고 많은 성과를 이루었다. 그러나 그의 업적은 제대로 기록되거나 공유되지 않았다. 임기가 끝날 무렵, 그의 성과는 공식 기록에만 남았고 시민들의 기억과 디지털 영역에서는 빠르게 희미해졌다.

반면, 같은 시기에 당선된 Y 군수는 "디지털 레거시" 전략을 개발했다. 이는 실질적인 성과를 디지털 스토리텔링과 기록을 통해 장기적인 유산으로 전환하는 체계적인 접근법이었다.

프린스턴 디지털 거버넌스 센터의 "정치적 레거시" 연구에 따르면, 정치인의 업적이 장기적으로 기억되는 정도는 실제 성과의 크기보다 그 스토리가 얼마나 효과적으로 기록되고 공유되는지에 더 크게 영향을 받는다. 실제로, 강력한 디지털 레거시 전략을 가진 정치인의 업적은 그렇지 않은 경우보다 평균 15년 더 오래 기억된다.

Y 군수의 디지털 레거시 전략은 다음과 같은 요소로 구성되

었다:

1. 통합적 스토리 아카이브
   - 주요 정책과 프로젝트의 진화 과정 기록
   - 시민 증언과 영향 스토리 수집
   - 멀티미디어 아카이브 구축 (사진, 영상, 오디오)
   - 검색 가능하고 접근성 높은 디지털 기록

2. 임팩트 스토리텔링 전략
   - 데이터와 감성을 결합한 성과 서술
   - 개인적 이야기와 거시적 변화의 연결
   - 시간에 따른 변화의 시각화
   - 다중 관점에서의 성과 해석

3. 시민 참여형 레거시 구축
   - 시민들의 경험과 기억 수집
   - 참여적 역사 기록 프로젝트
   - 시민 주도 임팩트 평가
   - 공동체 기억 이니셔티브

4. 장기적 접근성 메커니즘
   - 다양한 플랫폼과 형식을 통한 보존
   - 시간이 지나도 접근 가능한 기술 선택
   - 주기적인 리-프레이밍과 컨텍스트 업데이트
   - 교육 자료로의 통합

스탠퍼드 디지털 기억 연구소의 "집단 기억 형성" 연구에 따르면, 디지털 시대의 공공 기억은 참여적 과정을 통해 가장 강력하게 형성된다. 단순히 정보를 제공받는 것보다, 시민들이 스토리 구축에 참여할 때 그 기억이 더 오래 지속된다는 것이다.

특히 주목할 만한 것은 Y 군수의 "우리 마을의 변화" 프로젝트였다. 그는 지역 주민들이 직접 마을의 변화를 기록하고 공유하는 참여적 디지털 아카이브를 구축했다. 주민들은 특정 장소의 과거와 현재 사진, 개인적 이야기, 인터뷰 등을 업로드했고, 이는 시간에 따른 지역의 발전을 생생하게 보여주는 집단적 기록이 되었다.

또한 Y 군수는 "정책의 여정" 시리즈를 개발했다. 이는 주요 정책이나 프로젝트의 전체 생애주기—초기 구상에서부터 계획, 도전, 실행, 조정, 그리고 최종 결과까지—를 상세히 기록한 디지털 스토리텔링이었다. 이는 단순한 성과 나열을 넘어, 변화를 만들어내는 복잡한 과정과 그 안에서의 학습을 보여주는 풍부한 내러티브를 제공했다.

정치 역사학자 도리스 굿윈은 이렇게 말했다. "위대한 정치인은 좋은 정책을 만들 뿐만 아니라, 그 정책의 이야기를 효과적으로 전하는 사람이다. 디지털 시대에는 이 스토리텔링이 그 어느 때보다 중요하다."

Y 군수의 디지털 레거시 전략은 그의 임기가 끝난 후에도 계속해서 영향을 미쳤다. 그의 주요 이니셔티브는 지역 학교 교육 자료로 통합되었고, 시민들은 3년이 지난 후에도 그의 핵심 정책을 평균 68% 정확하게 기억했다. 더 중요한 것은, 그의 후임자들도 이 디지털 레거시를 참고하며 정책의 연속성을 유지했다는 점이다.

- [ ] 디지털 레거시 전략 문서 개발하기
- [ ] 주요 정책 및 프로젝트의 전체 여정 기록 계획 수립하기
- [ ] 시민 증언 및 영향 스토리 수집 메커니즘 설계하기
- [ ] 멀티미디어 아카이브 구조 및 태깅 시스템 개발하기
- [ ] 시민 참여형 기록 프로젝트 기획하기
- [ ] "정책의 여정" 시리즈 템플릿 만들기
- [ ] 장기적 디지털 보존 전략 수립하기
- [ ] 교육 자료로의 통합 계획 개발하기
- [ ] 정기적인 컨텍스트 업데이트 일정 수립하기
- [ ] 디지털 레거시 접근성 평가 지표 설정하기

점검 체크리스트

- 정치인의 업적을 장기적인 디지털 레거시로 전환하는 효과적인 방법은 무엇인가?
- 시민들이 정치적 변화의 스토리텔링에 참여하도록 하는 방법은 무엇인가?
- 디지털 시대에 정치적 레거시가 오래 기억되도록 하는 요소는 무엇인가?
- 성과를 단순 나열이 아닌 매력적인 내러티브로 전환하는 전략은 무엇인가?
- 디지털 레거시가 미래 정책과 리더십에 미치는 영향을 어떻게 극대화할 수 있을까?

4부

지속 가능한
정치 브랜드 만들기

(브랜드 확장 전략 - 데이비드 아커 스타일)

제11장.

선거 후가 진짜 시작이다: 평판 유지 전략

‖ 당선 이후의 콘텐츠 관리 전략 ‖

"많은 정치인이 당선 순간 디지털 평판 관리를 멈춥니다. 그러나 정치적 브랜드의 진정한 구축은 선거가 끝난 후 시작됩니다."

서울의 한 구청장 선거에서 P 후보는 역동적인 디지털 캠페인으로 당선되었다. 그러나 당선 직후, 그의 SNS 계정은 활동이 크게 줄어들었고, 정기적인 콘텐츠 업데이트가 중단되었다. 시간이 지남에 따라 그의 온라인 인게이지먼트는 급격히 하락했고, 지지자들은 점차 관심을 잃었다.

반면, 같은 시기에 당선된 Q 구청장은 "당선 후 콘텐츠 전략"을 개발했다. 이는 선거 캠페인의 열기를 지속 가능한 장기적 평판 관리로 전환하는 체계적인 접근법이었다.

하버드 케네디 스쿨의 "정치적 신뢰 유지" 연구에 따르면, 당선 후 첫 100일은 정치인의 장기적 평판을 형성하는 데 결정적인 기간이다. 이 기간 동안의 디지털 존재감은 정치적 신뢰의 기반을 설정한다.

Q 구청장의 당선 후 콘텐츠 전략은 다음과 같은 요소로 구성되었다:

1. 콘텐츠 진화 매핑
   - 캠페인 콘텐츠에서 거버넌스 콘텐츠로의 자연스러운 전환
   - 공약에서 실행으로 이어지는 스토리텔링 아크
   - 시간대별 콘텐츠 우선순위 변화 계획
2. 콘텐츠 다각화 전략
   - 정책 입안 과정의 투명한 공유
   - 일상 업무와 중요한 결정의 균형 잡힌 표현
   - 성공, 도전, 학습의 다면적 이야기
3. 일관된 커뮤니케이션 캘린더
   - 규칙적인 업데이트 일정 (채널별 최적 빈도)
   - 정기 시리즈 콘텐츠 개발 (주간 요약, 월간 성과 등)
   - 중요 행사와 이정표의 전략적 커뮤니케이션 계획
4. 참여형 콘텐츠 포맷
   - 시민 의견 수렴 세션 정기화
   - 실시간 Q&A 및 타운홀 미팅
   - 지역 주민 이야기 조명 시리즈

스탠퍼드 디지털 정치연구소의 연구에 따르면, 당선 후 디지털 참여를 지속적으로 유지한 정치인은 다음 선거에서 평균 18% 더

높은 지지율을 보였다. 이는 디지털 평판 관리가 단순한 선거 전술이 아닌 장기적 정치 자산임을 보여준다.

특히 주목할 만한 것은 Q 구청장의 "공약 이행 추적 대시보드"였다. 그는 선거 공약의 진행 상황을 투명하게 추적하는 온라인 대시보드를 개설했다. 이 대시보드는 각 공약의 현재 상태, 진행 단계, 예상 완료 일정, 그리고 관련 도전과제를 보여주었다. 이는 단순한 투명성 도구를 넘어, 그의 신뢰성과 책임감을 강화하는 강력한 평판 자산이 되었다.

또한 Q 구청장은 "콘텐츠 진화 모델"을 개발했다. 그는 당선 직후 100일, 첫 1년, 임기 중반, 그리고 다음 선거 전 시기 등 단계별로 콘텐츠의 초점과 형식을 전략적으로 변화시켰다. 예를 들어, 초기 100일은 '비전과 계획'에 중점을 두었고, 첫 1년은 '초기 성과와 학습'을 강조했다.

정치 커뮤니케이션 전문가 제임스 카빌은 이렇게 말했다. "정치인은 선거일에 유권자를 얻지만, 임기 동안 지지자를 만든다. 일관된 디지털 스토리텔링은 이 과정의 핵심이다."

Q 구청장의 당선 후 콘텐츠 전략은 큰 성과를 거두었다. 그의 SNS 팔로워 수는 임기 첫해에 68% 증가했고, 게시물 참여율은 선거 캠페인 기간보다 오히려 45% 더 높아졌다. 무엇보다, 그의 주민 만족도 평가는 꾸준히 상승했으며, 첫 임기를 마칠 때는 84%의 높은 지지율을 기록했다.

‖ 뉴스와 SNS의 연결 고리 ‖

"현대 정치에서 뉴스와 소셜미디어는 더 이상 분리된 채널이 아니라 하나의 통합된 생태계입니다. 이 두 영역을 연결하는 전략이 평판 관리의 핵심입니다."

경기도의 한 시장 선거에서 당선된 R 시장은 취임 후 전통 미디어와 소셜미디어를 분리된 영역으로 접근했다. 그는 공식 정책과 발표는 언론을 통해, 가벼운 일상과 행사는 소셜미디어를 통해 소통했다. 그러나 이런 분리된 접근법은 종종 혼란스러운 메시지와 단절된 인상을 주었다.

반면, 같은 시기에 당선된 S 시장은 "통합 미디어 순환 전략"을 개발했다. 이는 전통 미디어와 소셜미디어 사이의 시너지를 극대화하는 체계적인 접근법이었다.

MIT 미디어랩의 "디지털 시대 정치 커뮤니케이션" 연구에 따르면, 뉴스와 소셜미디어의 통합적 관리는 메시지 침투율을 최대 230% 향상할 수 있다. 이는 동일한 메시지가 다양한 채널을 통해 상호 강화되면서 더 깊은 인상을 남기기 때문이다.

S 시장의 통합 미디어 순환 전략은 다음과 같은 요소로 구성되었다:

1. 뉴스-소셜 순환 사이클
    • 뉴스 발표 전 소셜미디어를 통한 관심 유도
    • 뉴스 보도 당일 핵심 메시지 소셜미디어 강화

- 뉴스 후속 내용 소셜미디어 확장
- 소셜미디어 반응 분석 및 후속 뉴스 주제 발굴

2. 채널별 최적화된 메시지 변형
   - 동일 메시지의 채널별 맞춤형 표현
   - 뉴스용 공식 언어와 소셜미디어용 접근성 높은 언어의 균형
   - 시각 요소의 채널별 최적화

3. 상호 참조 메커니즘
   - 뉴스 콘텐츠의 소셜미디어 연결
   - 소셜미디어 반응을 뉴스 후속 보도에 통합
   - 통합 해시태그 및 키워드 전략

4. 미디어 관계 강화 전략
   - 언론인들과의 소셜미디어 관계 구축
   - 디지털 프레스 킷 및 멀티미디어 자료 제공
   - 언론 대응의 소셜미디어 투명성

컬럼비아 저널리즘 스쿨의 "디지털 뉴스 생태계" 연구에 따르면, 현대 뉴스 소비자의 73%는 소셜미디어를 통해 뉴스를 접하고, 그중 64%는 원본 뉴스 소스를 직접 확인한다. 이는 뉴스와 소셜미디어가 밀접하게 연결된 생태계를 형성하고 있음을 보여준다.

특히 주목할 만한 것은 S 시장의 "미리보기-심층보기-확장보기" 접근법이었다. 중요한 정책이나 프로젝트를 발표할 때, 그는 먼저 소셜미디어에 흥미로운 '미리보기'를 공유했다. 이어서 공식 발표와 언론 보도를 통해 '심층보기'를 제공했다. 마지막으로, 소셜미디어에서 추가 맥락, Q&A, 그리고 시민 반응을 통합한 '확장보기'를

제공했다. 이 사이클은 하나의 메시지가 다양한 깊이와 형식으로 여러 번 노출되도록 하여 이해와 기억을 강화했다.

또한 S 시장은 "디지털 프레스룸"을 구축했다. 이는 언론인들이 쉽게 접근할 수 있는 디지털 공간으로, 모든 공식 발표, 고해상도 이미지, 인포그래픽, 배경 자료, 그리고 이전 소셜미디어 게시물의 아카이브를 포함했다. 이를 통해 언론 보도의 품질과 정확성이 향상되었고, 소셜미디어 콘텐츠가 뉴스 보도에 더 자주 인용되었다.

정치 미디어 전략가 댄 파이퍼는 이렇게 말했다. "현대 정치에서 뉴스 사이클과 소셜미디어 사이클은 서로를 먹이는 공생 관계다. 이 두 사이클을 조화롭게 관리하는 정치인이 메시지의 주도권을 갖는다."

S 시장의 통합 미디어 순환 전략은 큰 효과를 발휘했다. 그의 정책 발표는 평균적으로 전통 미디어와 소셜미디어에서 3배 더 많은 언급을 받았고, 메시지의 일관성과 침투율이 크게 향상되었다. 특히, 그의 주요 정책 이니셔티브에 대한 시민 인지도는 76%에 달했는데, 이는 지역 정치인으로서는 매우 높은 수치였다.

‖ 지지자와의 지속적 연결법 ‖

"선거는 지지자를 모으는 순간이지만, 임기는 그들과 지속적인 관계를 구축하는 시간입니다. 디지털 시대에는 이 관계가 더욱 깊고 상호 작용적이어야 합니다."

강원도의 한 도의원 선거에서 당선된 T 의원은 당선 후 지지자들과의 관계 유지에 어려움을 겪었다. 선거 기간 동안 구축된 열정적인 지지자 네트워크는 당선 후 몇 개월 만에 급격히 약화되었고, 다음 선거를 앞두고 다시 지지 기반을 구축해야 했다.

반면, 같은 지역에서 당선된 U 의원은 "지속적 지지자 참여 시스템"을 개발했다. 이는 선거 캠페인 동안 형성된 지지 네트워크를 장기적인 시민 참여 커뮤니티로 전환하는 체계적인 접근법이었다.

하버드 케네디 스쿨의 "시민 참여" 연구에 따르면, 정치인과 지지자 사이의 지속적인 디지털 상호작용은 정치적 신뢰와 지지를 평균 42% 강화한다. 더 중요한 것은, 이러한 참여가 단순한 정보 소비를 넘어 실질적인 시민 행동으로 이어질 가능성이 3배 더 높다는 점이다.

U 의원의 지속적 지지자 참여 시스템은 다음과 같은 요소로 구성되었다:

1. 단계적 참여 피라미드
   - **관심층**: 정기 뉴스레터 및 콘텐츠 구독자
   - **참여층**: 피드백 제공 및 온라인 토론 참여자
   - **행동층**: 자원봉사 및 지역 이니셔티브 참여자
   - **옹호층**: 적극적인 메시지 확산 및 커뮤니티 주도자
2. 참여 가치 교환 시스템
   - **지지자에게 제공하는 가치**: 독점 정보, 의사결정 참여, 커뮤니티 소속감
   - **지지자로부터 얻는 가치**: 피드백, 아이디어, 확산, 자원봉사

3. 지지자 세그먼트별 맞춤 전략
  - **핵심 지지자**: 깊은 참여와 리더십 기회
  - **이슈 기반 지지자**: 특정 정책 영역에 집중된 참여
  - **지역 기반 지지자**: 특정 지역 이슈 중심 참여
  - **새로운 지지자**: 점진적인 참여 확대 경로

4. 디지털-물리적 참여 통합
  - 온라인 논의에서 오프라인 행동으로의 전환
  - 오프라인 참여의 온라인 인정 및 강화
  - 혼합형 참여 기회 창출

MIT 시민 미디어 센터의 연구에 따르면, 정치적 참여가 지속되는 핵심 요인은 '영향력의 인식'이다. 시민들이 자신의 참여가 실질적인 영향을 미친다고 느낄 때, 참여가 지속되고 강화된다는 것이다.

특히 주목할 만한 것은 U 의원의 "시민 자문단" 접근법이었다. 그는 다양한 배경의 시민들로 구성된 온라인 자문 그룹을 형성했다. 이 그룹은 정기적으로 주요 정책 결정에 대한 의견을 제공했고, 그들의 피드백이 어떻게 반영되었는지 투명하게 보고받았다. 이는 형식적인 참여를 넘어, 실질적인 영향력을 느끼게 해주는 메커니즘이었다.

또한 U 의원은 "마이크로 참여" 기회를 다양하게 제공했다. 바쁜 현대인들이 짧은 시간에도 의미 있게 참여할 수 있는 5분 설문, 빠른 피드백 요청, 간단한 공유 요청 등을 정기적으로 제공했다. 이는 참여의 장벽을 낮추고, 더 많은 시민이 지속적으로 연결될 수

있게 했다.

정치 참여 전문가 이슬라 맥그레거는 이렇게 말했다. "정치적 참여는 마라톤이지 단거리 경주가 아니다. 지속 가능한 참여를 위해서는 시민들이 다양한 수준과 방식으로 참여할 수 있는 생태계가 필요하다."

U 의원의 지속적 지지자 참여 시스템은 큰 성과를 거두었다. 선거 후 2년이 지났음에도 그의 지지자 데이터베이스는 오히려 37% 증가했고, 정기적으로 참여하는 시민의 비율은 28%에 달했다. 가장 주목할 만한 것은, 지역 이니셔티브에 자원봉사자로 참여하는 시민의 수가 선거 기간보다 42% 더 많아졌다는 점이다.

‖ '지켜보는 정치'라는 브랜드 전략 ‖

"디지털 시대의 정치는 항상 관찰 아래 있습니다. 이 현실을 부담으로 받아들이는 대신, 이를 브랜드 강화의 기회로 전환할 수 있습니다."

충청남도의 한 시장 선거에서 당선된 V 시장은 시민들의 지속적인 관찰과 평가에 스트레스를 느꼈다. 그는 모든 결정과 행동이 소셜미디어에서 실시간으로 논의되고 비판받는 것에 방어적으로 대응했고, 이는 종종 투명성 부족이라는 인상을 주었다.

반면, 같은 시기에 당선된 W 시장은 "지켜보는 정치(Politics in the Open)"라는 브랜드 전략을 개발했다. 이는 디지털 시대의 상시 관찰 현실을 오히려 투명성과 책임성의 브랜드 자산으로 전환하는 접근법이었다.

옥스퍼드 인터넷 연구소의 "디지털 투명성과 신뢰" 연구에 따르면, 자발적으로 투명성을 추구하는 정치인은 위기 상황에서 68% 더 높은 신뢰 회복력을 보인다. 이는 이미 투명성 기대치를 설정했기 때문에 실수나 실패에 대해서도 더 관용적인 평가를 받는다는 것을 의미한다.

W 시장의 "지켜보는 정치" 브랜드 전략은 다음과 같은 요소로 구성되었다:

1. 라디컬 투명성 접근법
   - 의사결정 과정의 실시간 공유
   - 성공뿐만 아니라 도전과 실패의 솔직한 인정
   - 공개적인 목표 설정과 진행 상황 업데이트
   - "비하인드 더 씬" 콘텐츠 정기화
2. 참여적 거버넌스 메커니즘
   - 정책 개발 과정의 시민 참여 단계 제도화
   - 디지털 타운홀 및 공개 협의 정기화
   - 피드백 루프 공식화 및 가시화
3. 책임 메커니즘 구축
   - 공개적 약속과 진행 상황 추적 시스템
   - 정기적인 성과 평가 세션
   - 시민 주도 감사 및 검토 과정
4. 실시간 커뮤니케이션 전략

- 중요 상황과 위기에 대한 즉각적 커뮤니케이션
- 질문과 우려에 대한 적시 대응
- 투명성의 일상화 (정기적인 업데이트, 일상 공유)

하버드 비즈니스 스쿨의 "디지털 시대의 리더십 신뢰" 연구에 따르면, 높은 투명성을 보이는 리더는 낮은 투명성을 보이는 리더보다 위기 상황에서 신뢰도가 3배 더 빠르게 회복된다. 이는 투명성이 단순한 윤리적 미덕을 넘어 실용적인 위기관리 도구임을 시사한다.

특히 주목할 만한 것은 W 시장의 "오픈 시티홀(Open City Hall)" 이니셔티브였다. 그는 모든 주요 시 정부 회의를 온라인으로 생중계했고, 시민들이 실시간으로 질문과 의견을 제출할 수 있게 했다. 더 나아가, 모든 회의 자료와 의사결정 문서를 디지털 아카이브에 공개했다. 이는 시민들에게 정부 운영의 내부를 볼 수 있는 전례 없는 접근성을 제공했다.

또한 W 시장은 "실패와 학습" 시리즈를 정기적으로 진행했다. 이는 시정의 실패나 오류를 솔직하게 인정하고, 그로부터 배운 교훈과 개선 계획을 공유하는 포맷이었다. 처음에는 이런 솔직함이 위험해 보였지만, 시간이 지남에 따라 이는 오히려 그의 진정성과 용기를 보여주는 강력한 브랜드 자산이 되었다.

정치 커뮤니케이션 학자 제니퍼 스트로머-갤리는 이렇게 말했다. "디지털 시대에는 완벽함보다 진정성이 더 강력한 정치적 자산이다. 실수를 인정하고 배움을 보여주는 정치인은 오히려 더 강한 신뢰를 구축한다."

W 시장의 "지켜보는 정치" 브랜드 전략은 놀라운 성과를 거두었다. 그의 시정 운영에 대한 시민 만족도는 취임 첫해에 62%에서 2년 후 81%로 상승했다. 특히 '신뢰성'과 '청렴성' 평가에서 그는 전국 평균을 크게 상회하는 점수를 받았다. 또한, 시민 참여율이 이전 행정부보다 156% 증가했으며, 위기 상황에서도 그의 지지율은 상대적으로 안정적으로 유지되었다.

‖ 평판의 계절 관리법 ‖

"정치적 평판은 정적인 자산이 아니라 계절에 따라 다른 관리가 필요한 살아있는 존재입니다. 임기의 각 단계와 연중 시기에 맞는 전략적 적응이 장기적 평판 관리의 핵심입니다."

경기도의 한 도의원 선거에서 당선된 X 의원은 임기 내내 동일한 커뮤니케이션 방식과 콘텐츠 전략을 유지했다. 이로 인해 시간이 지남에 따라 그의 메시지는 예측 가능해졌고, 유권자들의 관심과 참여는 점차 감소했다.

반면, 같은 선거에서 당선된 Y 의원은 "전략적 평판 계절화" 접근법을 개발했다. 이는 임기의 각 단계와 연중 시기에 맞게 평판 관리 전략을 체계적으로 조정하는 접근법이었다.

스탠퍼드 정치 커뮤니케이션 연구소의 "임기 주기 역학" 연구에 따르면, 효과적인 정치인은 임기의 각 단계—초기, 중기, 후기—에서 서로 다른 커뮤니케이션 우선순위와 스타일을 갖는다. 또한, 연중 시기(예: 예산 시즌, 여름 휴가철, 연말)에 따라 전략을 조정한다.

Y 의원의 전략적 평판 계절화 접근법은 다음과 같은 요소로 구성되었다:

1. 임기 단계별 평판 중점
   - **초기(첫 1년)**: 비전 설정과 신뢰 구축
   - **중기(2~3년)**: 성과 전달과 공동체 참여
   - **후기(마지막 1년)**: 레거시 구축과 재출마 기반 마련
2. 연중 주기 콘텐츠 캘린더
   - **예산 시즌**: 투명성과 재정 책임성 강조
   - **여름 휴가철**: 커뮤니티와 가벼운 참여 콘텐츠
   - **입법 회기**: 정책 과정과 성과 중심 콘텐츠
   - **연말**: 성과 요약과 감사 표현
3. 콘텐츠 리듬 변주
   - 핵심 메시지의 계절적 재해석
   - 채널과 형식의 주기적 리프레시
   - 참여 형태의 전략적 순환
   - 톤과 에너지 수준의 상황별 조정
4. 전략적 '조용한 시간'과 '가시성 고조' 주기
   - 집중적 가시성 피크 계획
   - 의도적 '디지털 휴식' 기간
   - 뉴스 사이클과 공중 관심 활용
   - 지속 가능한 주목도 관리

MIT 정치 브랜딩 연구소의 "정치적 브랜드 진화" 연구에 따르면, 유권자들은 시간에 따라 변화하는 정치인에게 더 높은 진정성을 부여한다.

제12장.

정치인에서 브랜드로:
영향력 확장 전략

‖ 정치인과 지역 정체성을 연결하라 ‖

한 지역의 구청장 G 씨. 그는 지역 이미지와 자신의 퍼스널 브랜드를 연결하는 독특한 방식을 고민하고 있었다.

"우리 지역 이미지가 다소 오래되고 침체한 느낌이라 고민입니다." G 씨가 상담 첫날 말했다.

"도시 브랜딩과 정치인 브랜딩을 동시에 진행해야 합니다." 내가 제안했다. "구청장님의 브랜드 가치와 지역의 미래 이미지를 하나로 엮어야 해요."

우리는 G 구청장의 핵심 가치인 '혁신적이면서도 따뜻한 변화'를 기반으로 '다시 빛나는 우리 동네, 마음을 잇는 변화'라는 통합 브랜드 아이덴티티를 개발했다.

G 구청장이 진행한 '동네 재생 프로젝트'는 지역의 낡은 건물과 골목을 '유지하면서 새롭게' 변화시켰다. 이 프로젝트의 모든 현장에는 G 구청장의 브랜드 색상과 디자인 요소가 통일되게 적용

되었다.

"물리적 공간과 정치인의 브랜드를 연결하는 것이 중요합니다." 내가 클라이언트들에게 자주 강조하는 말이다. "시민들이 매일 보는 공간이 당신의 정치 브랜드를 상기시켜야 합니다."

6개월 후, 지역 주민 설문조사에서 'G 구청장'과 '지역 변화'의 연상 관계가 42% 증가했다. 더 중요한 것은 지역 자부심 지수가 상승했다는 점이다.

"정치인과 지역 정체성의 성공적인 연결은 정치인에게도, 지역에도 윈-윈입니다." 내가 말했다. "정치인은 지역의 긍정적 변화와 자신을 연결하고, 지역은 새로운 정체성을 얻게 됩니다."

실행 가이드: 정치인-지역 정체성 통합 전략

G 구청장과 개발한 실행 계획은 다음과 같았다:

1. 지역-개인 브랜드 연결 지점 찾기
   - [ ] 지역의 역사적 강점과 가치 조사
   - [ ] 지역 주민 정체성 인식 설문조사
   - [ ] 개인 브랜드의 핵심 가치 정의
   - [ ] 지역과 개인 브랜드의 공통 지점 도출
   - [ ] 통합 브랜드 스토리 개발
2. 시각적 아이덴티티 통합 개발
   - [ ] 공통 컬러 팔레트 및 디자인 요소 선정
   - [ ] 지역 랜드마크와 연계된 시각적 상징 개발
   - [ ] 통합 로고/심볼 디자인 가이드라인 제작

- [ ] 물리적 공간 디자인 적용 계획
- [ ] 디지털 자산 디자인 일관성 확보

3. 지역 기반 시그니처 프로젝트 기획
- [ ] 브랜드 가치를 실현할 핵심 프로젝트 선정
- [ ] 지역별 세부 프로젝트 계획 수립
- [ ] 단계별 실행 및 홍보 전략
- [ ] 주민 참여 요소 통합
- [ ] 프로젝트 성과 측정 지표 개발

4. 장소 기반 스토리텔링 전략
- [ ] 지역별 특색 있는 스토리 발굴
- [ ] 정치인 개인 경험과 장소 연결 내러티브
- [ ] 장소별 콘텐츠 시리즈 기획
- [ ] 지역 주민 스토리 수집 및 공유 시스템
- [ ] 장소 기반 이벤트 캘린더 개발

G 구청장은 이 전략을 바탕으로 '우리 동네 스토리' 프로젝트를 시작했다. 지역의 오래된 가게, 특별한 장소, 숨겨진 이야기를 발굴하고, 이를 자신의 정치적 비전과 연결한 것이다. 특히 지도 앱과 협업한 '구청장의 추천 코스' 디지털 지도는 젊은 세대로부터 큰 호응을 얻었다.

"정치인의 영향력은 물리적 공간에서도 느껴져야 합니다." 내가 말했다. "디지털 존재감과 물리적 존재감을 통합할 때 진정한 지역 기반 정치 브랜드가 탄생합니다."

점검 체크리스트: 정치인-지역 브랜드 통합 전략

지역 정체성과 정치인 브랜드를 연결하는 전략을 개발해 보세요:

1. 지역 정체성 분석:
    - 지역의 핵심 가치/강점: _____
    - 현재 지역 이미지의 문제점: _____
    - 미래 지향점: _____
2. 정치인-지역 연결 전략:
    - 공통 가치/비전: _____
    - 차별화 포인트: _____
    - 핵심 메시지: _____
3. 시각적 통합 요소:
    - 핵심 색상/디자인 요소: _____
    - 적용할 물리적 공간: _____
    - 디지털 자산 적용 방안: _____
4. 시그니처 프로젝트:
    - 프로젝트 컨셉: _____
    - 단계별 실행 계획: _____
    - 성공 측정 방법: _____

‖ 퍼스널 브랜딩을 사회적 메시지로
확장하라 ‖

한 지방의회 의원 H 씨. 그는 자신의 개인 이야기를 어떻게 더 큰 사회적 메시지로 발전시킬 수 있을지 고민하고 있었다.

"저는 교사 출신 정치인으로 교육 문제에 관심이 많지만, 이것이 더 폭넓은 메시지가 되려면 어떻게 해야 할까요?" H 의원이 물었다.

"개인 스토리는 사회적 메시지의 출발점입니다." 내가 조언했다. "하지만 그것이 더 큰 공감과 영향력을 얻으려면 개인을 넘어 사회 전체의 문제와 연결되어야 합니다."

우리는 H 의원의 '교육자에서 정치인으로'라는 개인 이야기를 '모든 아이가 공정한 출발선에서 시작하는 사회'라는 더 큰 사회적 메시지로 확장하는 전략을 개발했다.

H 의원은 자신의 교실 경험과 학생들과의 에피소드를 공유하는 것에서 시작했다. 그러나 단순한 추억 공유가 아니라, 각 이야기가 더 큰 사회 문제(교육 불평등, 기회의 격차, 미래 세대의 희망)와 연결되도록 구성했다.

"정치인의 개인 스토리는 시민들이 큰 사회 문제를 인간적으로 이해할 수 있는 창문입니다." 내가 설명했다. "복잡한 정책 이슈도 당신의 경험을 통해 들으면 갑자기 이해하기 쉬워집니다."

H 의원이 시작한 '우리 아이들의 미래' 캠페인은 그의 교사 경험에서 시작해 지역 교육 환경 개선, 나아가 국가 교육 시스템의 변화까지 연결되는 포괄적 메시지로 확장되었다.

9개월 후, H 의원은 지역 언론에서 '교육 혁신가'로 소개되기 시작했고, 그의 메시지는 지역을 넘어 전국적인 관심을 받았다.

"개인 이야기가 사회적 메시지로 확장될 때, 정치인의 영향력도 함께 확장됩니다." 내가 다른 클라이언트에게 이 사례를 설명했다. "이것이 바로 영향력 있는 정치 브랜드의 핵심입니다."

실행 가이드: 퍼스널 스토리의 사회적 메시지화

H 의원과 개발한 실행 계획은 다음과 같았다:

1. 개인 스토리의 사회적 확장점 찾기
   - [ ] 개인 경험/이야기 목록화
   - [ ] 각 스토리의 사회적 함의 분석
   - [ ] 핵심 사회 이슈 3~5개 선정
   - [ ] 스토리-이슈 연결 매트릭스 개발
   - [ ] 스토리텔링 프레임워크 설계
2. 메시지 단계별 확장 전략
   - [ ] 개인→지역→사회로 확장되는 메시지 구조
   - [ ] 단계별 핵심 주장과 증거 구성
   - [ ] 청중별 맞춤형 메시지 변형
   - [ ] 반론 대응 프레임 개발
   - [ ] 감성적/이성적 소구 균형 설계
3. 스토리 기반 캠페인 개발
   - [ ] 캠페인 주제 및 핵심 메시지 선정
   - [ ] 시리즈형 콘텐츠 구조 설계
   - [ ] 참여 유도 요소 통합
   - [ ] 실제 정책/행동과의 연결

- [ ] 확산 전략 및 영향력 측정 계획
4. 사회적 영향력 확대 전략
  - [ ] 동맹/협력 네트워크 구축 계획
  - [ ] 오피니언 리더 참여 전략
  - [ ] 미디어 관계 구축 방안
  - [ ] 지역 외 영향력 확장 단계
  - [ ] 장기적 어젠다 세팅 계획

H 의원은 이 전략을 바탕으로 SNS에서 '교실에서 의회까지' 시리즈를 시작했다. 매주 학교에서 겪었던 한 가지 에피소드로 시작해, 이것이 지역사회와 국가 교육 정책에 어떻게 연결되는지, 그리고 어떤 변화가 필요한지를 이야기했다.

"개인의 진정성과 사회적 메시지가 만날 때 정치적 영향력이 폭발적으로 증가합니다." 내가 강조했다.

점검 체크리스트: 개인 스토리의 사회적 메시지화

개인 스토리를 사회적 메시지로 확장하는 전략을 개발해 보세요:

1. 개인 스토리 선정:
   - 핵심 개인 경험/이야기: _____
   - 이 스토리가 가진 감성적 강점: _____
   - 청중이 공감할 수 있는 요소: _____

2. 사회적 메시지 확장:
- 연결 가능한 사회적 이슈: _____
- 개인→사회 연결 논리: _____
- 확장된 핵심 메시지: _____
3. 소통 전략:
- 스토리텔링 구조: _____
- 주요 플랫폼별 변형: _____
- 청중 참여 유도 방안: _____
4. 정책/행동 연결:
- 관련 정책/이니셔티브: _____
- 청중 행동 유도 방안: _____
- 성공 측정 지표: _____

‖ 다음 선거를 위한
장기 퍼셉션 전략을 구축하라 ‖

중앙 정치 무대에 도전하려는 시장 I 씨. 그는 임기 중반에 접어들며 다음 단계를 준비하고 있었다.

"현재 시장으로서 좋은 평가를 받고 있지만, 중앙 정치에서는 새로운 경쟁자들과 맞서야 합니다. 어떻게 준비해야 할까요?" I 시장이 물었다.

"다음 선거는 선거 기간이 아니라 지금부터 준비하는 것입니다." 내가 답했다. "특히 중요한 것은 장기적인 퍼셉션, 즉 대중이 시장님을 어떻게 인식하느냐입니다."

우리는 I 시장의 현재 이미지('효율적인 지역 행정가')를 다음 단계('국가적 비전을 가진 리더')로 확장하는 3년 로드맵을 개발했다.

"퍼셉션 확장은 갑작스럽게 이뤄져서는 안 됩니다." 내가 강조했다. "시민들이 당신의 성장 과정을 함께 경험하게 해야 합니다."

I 시장의 장기 전략은 세 단계로 구성되었다:

1. 현재 강점 강화기(1년차): 현재의 '효율적인 행정가' 이미지 공고화
2. 관심 영역 확장기(2년차): 국가적 이슈에 대한 의견 개진 및 네트워크 확장
3. 새 비전 제시기(3년차): 국가 수준의 비전과 해결책 제시

특히 주목할 만한 것은 '정책 진화 아카이브' 시스템이었다. 지역 현안으로 시작한 정책이 어떻게 국가적 해결책으로 확장되었는지 보여주는 디지털 아카이브였다.

"이것은 유권자들에게 '이 사람은 항상 성장하고 있다'는 인상을 줍니다." 내가 설명했다. "또한 지역과 국가 문제의 연결성을 보여주며 더 큰 역할에 대한 자연스러운 이미지를 형성합니다."

2년 후, 국가적 여론조사에서 I 시장은 '국가 리더십 잠재력'이 있는 정치인으로 평가받기 시작했다.

"장기 퍼셉션 관리는 마라톤입니다." 내가 강조했다. "꾸준함과 일관성, 그리고 전략적 진화가 핵심입니다."

I 시장과 개발한 실행 계획은 다음과 같았다:

1. 현재 퍼셉션 강화 및 진단
   - [ ] 현재 이미지/강점에 대한 심층 분석
   - [ ] 다음 단계에 필요한 퍼셉션 요소 파악
   - [ ] 퍼셉션 갭 분석 및 우선순위 설정
   - [ ] 강점 활용 및 약점 보완 전략
   - [ ] 퍼셉션 모니터링 시스템 구축
2. 단계적 퍼셉션 확장 계획
   - [ ] 연도별 퍼셉션 목표 및 발전 경로 설정
   - [ ] 각 단계별 핵심 메시지 및 증명 포인트
   - [ ] 단계별 필요 경험/실적 설계
   - [ ] 네트워크 및 관계 확장 전략
   - [ ] 잠재적 장애물 예측 및 대응 계획
3. 콘텐츠 및 활동 진화 전략
   - [ ] 단계별 콘텐츠 주제 및 톤 변화 계획
   - [ ] 플랫폼 활용의 전략적 진화
   - [ ] 핵심 정책/이슈 진화 관리
   - [ ] 주요 연설/기고문 장기 계획
   - [ ] 유력 인사 및 오피니언 리더와의 관계 구축
4. 일관성과 진화 균형 관리
   - [ ] 핵심 가치/정체성 일관성 유지 전략
   - [ ] 진화하는 메시지와 일관된 가치 연결 방식
   - [ ] 과거-현재-미래 연결 내러티브 구축
   - [ ] 정기적 퍼셉션 점검 및 조정 시스템

- [ ] 장기 퍼셉션 위험 관리 계획

    I 시장은 이 전략을 적용해 '지역에서 배운 국가적 교훈'이라는 콘텐츠 시리즈를 시작했다. 지역에서 성공적으로 해결한 문제를 국가 수준의 이슈와 연결하고, 그가 개발한 해결책이 어떻게 확장될 수 있는지 보여주는 내용이었다.

    "단순한 야망이 아닌, 실적과 경험에 기반한 자연스러운 진화를 보여줘야 합니다." 내가 조언했다.

점검 체크리스트: 장기 퍼셉션 전략 개발

다음 선거/정치적 단계를 위한 장기 퍼셉션 전략을 개발해 보세요:

1. 현재와 목표 퍼셉션:
    - 현재의 주요 퍼셉션: _____
    - 다음 단계에 필요한 퍼셉션: _____
    - 핵심 퍼셉션 갭: _____
2. 단계별 발전 계획:
    - 1단계 (기간) 퍼셉션 목표: _____
    - 2단계 (기간) 퍼셉션 목표: _____
    - 3단계 (기간) 퍼셉션 목표: _____
3. 주요 증명 포인트:
    - 필요한 경험/실적: _____

‖ 로컬에서 글로벌로 확장하는 스토리 개발하기 ‖

한 기초의원 J 씨. 그는 환경 문제에 열정적인 정치인으로, 작은 지역에서 시작한 환경 캠페인을 어떻게 더 넓은 영향력으로 확장할 수 있을지 고민하고 있었다.

"우리 지역의 작은 하천 살리기 운동이 큰 성과를 거두었는데, 이걸 더 큰 환경 이슈와 연결할 수 있을까요?" J 의원이 물었다.

"지역의 구체적 사례는 글로벌 이슈의 강력한 증거가 될 수 있습니다." 내가 답했다. "로컬 스토리를 글로벌 맥락에 위치시키는 것이 중요합니다."

우리는 J 의원의 '작은 하천 살리기' 프로젝트를 '글로벌 물 위기 대응의 지역 모델'로 재포지셔닝하는 전략을 수립했다.

"중요한 것은 국제적 맥락에서의 의미를 부여하는 것입니다." 내가 강조했다. "당신의 지역 프로젝트가 세계적 환경 이슈와 어떻

게 연결되는지, 그리고 이것이 다른 지역에도 적용 가능한 모델이
될 수 있다는 점을 보여줘야 합니다."

J 의원은 지역 하천의 변화를 기록한 사진과 데이터를 체계적으
로 정리하고, 이를 글로벌 수자원 문제와 연결한 '지역 해결책, 글
로벌 영감'이라는 디지털 자료집을 제작했다.

국내 환경 NGO와의 협력을 통해 J 의원의 사례는 '지역 기반 환
경 솔루션' 컨퍼런스에서 소개되었고, 이후 국제 환경 포럼에도 초
청받아 발표하게 되었다.

"로컬 스토리가 글로벌 관련성을 가질 때, 정치인의 영향력도 자
연스럽게 확장됩니다." 내가 설명했다. "이는 단순한 홍보가 아니
라, 진정한 가치의 확산입니다."

18개월 후, J 의원의 하천 복원 모델은 국내 여러 지역에서 벤치
마킹되었고, 그는 '지역에서 출발한 환경 혁신가'로 알려지기 시작
했다.

실행 가이드: 로컬에서 글로벌로의 스토리 확장

J의원과 함께 개발한 실행 계획은 다음과 같았다:

1. 로컬 프로젝트의 글로벌 맥락화
   - [ ] 지역 프로젝트와 글로벌 이슈 연결점 찾기
   - [ ] 국제적 맥락/트렌드 조사 및 분석
   - [ ] 비교 가능한 글로벌 사례 연구
   - [ ] 지역 프로젝트의 차별점/특징 정의

- [ ] 글로벌 맥락에서의 의미 재구성
  2. 확장 가능한 모델로 재구성
     - [ ] 프로젝트 요소의 일반화 및 체계화
     - [ ] 핵심 성공 요인 및 교훈 정리
     - [ ] 다른 지역에서의 적용 가능성 분석
     - [ ] 스케일업 요소 및 필요 자원 정의
     - [ ] 단계별 구현 가이드라인 개발
  3. 글로벌 네트워크 확장 전략
     - [ ] 관련 국내외 조직/단체 매핑
     - [ ] 협력 파트너십 개발 계획
     - [ ] 국제 포럼/컨퍼런스 참여 전략
     - [ ] 국제 미디어/플랫폼 접근 계획
     - [ ] 글로벌 오피니언 리더와의 연결 전략
  4. 통합적 영향력 확대 시스템
     - [ ] 다국어 콘텐츠 개발 계획
     - [ ] 글로벌-로컬 피드백 시스템 구축
     - [ ] 확산 모니터링 및 영향 측정 방법
     - [ ] 지속적 발전/업데이트 메커니즘
     - [ ] 장기적 글로벌 포지셔닝 전략

J 의원은 이 전략을 기반으로 '하천에서 바다까지'라는 이니셔티브를 출범시켰다. 지역 하천 보존의 경험과 모델을 다른 지역 및 국제 파트너들과 공유하는 플랫폼이었다.

"진정한 글로벌 영향력은 말로만이 아니라 행동과 구체적 모델에서 시작됩니다." 내가 조언했다. "당신의 작은 지역 활동이 글로벌 변화의 씨앗이 될 수 있습니다."

점검 체크리스트: 로컬-글로벌 스토리 확장

지역 프로젝트/이니셔티브를 글로벌 맥락으로 확장하는 전략을
개발해 보세요:

1. 글로벌 맥락 연결:
   - 지역 프로젝트 핵심 요소: _____
   - 관련 글로벌 이슈/트렌드: _____
   - 연결점과 관련성: _____
2. 모델화 전략:
   - 핵심 차별화 요소: _____
   - 일반화 가능한 원칙/방법론: _____
   - 확장/적용을 위한 필수 요소: _____
3. 확산 전략:
   - 타겟 대상/지역: _____
   - 주요 협력 파트너: _____
   - 확산 채널 및 방법: _____
4. 영향력 확대 계획:
   - 단기 확산 목표 (기간): _____
   - 중기 확산 목표 (기간): _____
   - 성공 측정 방법: _____

‖ 정치인에서 인플루언서로: 브랜드 진화 모델 ‖

한 전직 차관 K 씨. 그는 정치적 임기를 마친 후 어떻게 영향력을 지속적으로 유지하고 확장할 수 있을지 고민하고 있었다.

"공직에서 물러났지만, 여전히 사회에 기여하고 영향력을 행사하고 싶습니다. 어떻게 해야 할까요?" K 씨가 물었다.

"정치인에서 '소셜 인플루언서'로 브랜드를 진화시켜야 합니다." 내가 답했다. "직책은 잃었지만, 전문성과 경험, 네트워크는 여전히 강력한 자산입니다."

우리는 K 씨의 차관 경험을 토대로 '정책 전문가'이자 '사회 혁신 멘토'로의 새로운 브랜드 정체성을 구축하기로 했다.

"정치인은 선거로 당선되지만, 인플루언서는 가치 있는 콘텐츠로 영향력을 얻습니다." 내가 설명했다. "이제 당신은 특정 지역이나 정당을 넘어, 아이디어와 전문성으로 영향력을 행사할 수 있습니다."

K 씨는 자신의 전문 분야에 관한 '정책 인사이트' 뉴스 레터를 시작했다. 매주 정책 동향을 분석하고, 자신의 경험에 기반한 독특한 시각을 제공했다. 또한 젊은 정치인과 공무원들을 위한 멘토링 프로그램도 시작했다.

"중요한 것은 정치적 색채를 줄이고, 전문성과 통찰력을 강조하는 것입니다." 내가 조언했다. "당신은 이제 '정치인 K'가 아니라 '전문가 K'로 인식되어야 합니다."

후보자 & 캠프용 디지털 평판 체크리스트

이 To-Do 리스트는 WINER 프레임워크를 실제로 적용하는 데 도움이 되는 간단하고 실용적인 행동 목록입니다. 복잡한 이론 대신 바로 실천할 수 있는 구체적인 행동에 집중했습니다.

W - 누구를 공략할 것인가(Who to Win)

1. 유권자 파악하기

- [ ] 선관위 자료에서 지역구 인구통계 정보 다운로드하기
- [ ] 지역신문 등에서 지난 3번의 선거 결과 찾아보기
- [ ] 지역을 5~7개 정도의 소규모 구역으로 나누기
- [ ] 구역별로 가장 관심 있는 이슈 3가지씩 적어보기
- [ ] 다양한 연령대의 지역 주민 10명에게 가장 중요한 문제가 무엇인지 직접 물어보기

- [ ] 시장, 학교, 카페 등 지역 주요 만남의 장소 목록 만들기
- [ ] 지역의 주요 페이스북 그룹, 카카오톡 단체방 찾아보기

2. 핵심 지지층 정하기

- [ ] 내가 반드시 얻어야 할 유권자 그룹 3가지 정하기 (예: 30대 학부모, 소상공인, 노인층)
- [ ] 각 그룹의 대략적인 인구수와 거주 지역 파악하기
- [ ] 이 그룹들이 자주 이용하는 매체와 플랫폼 조사하기 (지역신문? 카카오톡? 유튜브?)
- [ ] 각 그룹에 할당할 캠페인 예산 비율 결정하기
- [ ] 이 그룹들을 만날 수 있는 오프라인 장소와 시간대 정리하기
- [ ] 내 강점이 이 그룹들의 관심사와 어떻게 연결되는지 정리하기

I - 깊이 있는 통찰 얻기(Insight Digging)

1. 유권자 마음 이해하기

- [ ] 각 핵심 지지층에서 3~4명 정도 만나 30분씩 심층 대화 나누기
- [ ] 지역 문제에 대한 솔직한 의견을 물어보고 기록하기
- [ ] "왜?"라는 질문을 5번 정도 반복해서 깊은 속마음 알아보기

- [ ] 이들이 정치인에 대해 가진 불만과 기대 정리하기
- [ ] 일상에서 겪는 어려움과 희망 파악하기
- [ ] 그들이 쓰는 단어와 표현 그대로 기록해 두기

2. 디지털 공간에서 여론 살피기

- [ ] 지역 관련 페이스북 그룹 3~5개 가입하고 일주일간 게시물 살펴보기
- [ ] 지역 뉴스 댓글 중 가장 '좋아요'가 많은 의견 20개 수집하기
- [ ] 네이버/다음 지역 카페에서 자주 언급되는 문제 파악하기
- [ ] 유튜브에서 우리 지역 관련 콘텐츠 찾아보고 댓글 분석하기
- [ ] 내 이름과 경쟁 후보 이름으로 검색했을 때 상위 결과 비교하기
- [ ] 지역 인플루언서나 유명인이 누구인지 파악하기

N - 이야기 만들기(Narrative Building)

1. 핵심 메시지 개발하기

- [ ] 내 강점, 경험, 가치를 한 문장으로 정리하기
- [ ] 유권자들이 가장 원하는 것과 내가 제공할 수 있는 것의 접점 찾기
- [ ] 10단어 이내로 핵심 메시지 만들기 (예: "우리 동네를 우리

손으로, 실용적 변화")

- [ ] 이 메시지를 뒷받침할 3가지 증거/사례 준비하기
- [ ] 가족이나 친구에게 이 메시지를 말했을 때 쉽게 이해하는 지 테스트하기
- [ ] 내 메시지가 경쟁 후보와 어떻게 다른지 명확히 정리하기

2. 스토리 준비하기

- [ ] 내 인생에서 정치에 관심을 갖게 된 결정적 사건/순간 정리하기
- [ ] 지역사회를 위해 노력했던 경험 중 가장 의미 있는 사례 3가지 정리하기
- [ ] 각 사례를 2분 내로 이야기할 수 있도록 연습하기
- [ ] 내 정책과 관련된 지역 주민의 실제 사연 수집하기
- [ ] 정책을 설명할 때 사용할 간단한 비유나 예시 준비하기
- [ ] 예상되는 비판이나 공격에 대한 대응 스토리 준비하기

E - 노출 설계하기 (Exposure Design)

1. 디지털 채널 준비하기

- [ ] 주요 SNS 계정 만들기 (페이스북, 인스타그램, 유튜브 등)
- [ ] 계정 프로필에 핵심 메시지와 일관된 소개글 작성하기

- [ ] 프로필 사진과 배경 이미지 통일감 있게 제작하기
- [ ] 간단한 홈페이지 또는 블로그 개설하기
- [ ] 카카오톡 오픈채팅방 만들기
- [ ] 정기적인 이메일 뉴스레터 발송 준비하기

2. 콘텐츠 계획 세우기

- [ ] 주 2~3회 업로드할 콘텐츠 주제 한 달 치 미리 정하기
- [ ] 내 강점을 보여줄 수 있는 짧은 영상 3개 기획하기
- [ ] 정책을 쉽게 설명하는 카드뉴스 시리즈 준비하기
- [ ] 지역 명소나 주민들과 함께하는 사진 촬영 계획 세우기
- [ ] 라이브 방송 일정과 주제 정하기 (월 1~2회)
- [ ] 각 핵심 지지층별로 맞춤형 콘텐츠 최소 1개씩 준비하기

3. 온-오프라인 연결하기

- [ ] 선거 포스터와 전단에 QR코드 넣어 SNS로 연결하기
- [ ] 오프라인 행사 사진과 영상을 당일 SNS에 업로드하기
- [ ] 유권자가 직접 참여할 수 있는 해시태그 캠페인 기획하기
- [ ] 지역 상점과 협력하여 QR코드 포스터 부착 허락받기
- [ ] 온라인에서 활발한 지지자들을 오프라인 행사에 초대하기
- [ ] 오프라인 만남에서 온라인 팔로우를 유도할 방법 마련하기

R - 결과 확인하기(Result Tracking)

1. 일일 체크하기

- [ ] 아침: 전날 SNS 활동 확인하고 댓글 답변하기
- [ ] 점심: 오전에 올린 게시물 반응 체크하고 필요시 추가 댓글 달기
- [ ] 저녁: 하루 동안의 온라인 활동 정리하고 내일 계획 세우기
- [ ] 특이 사항 (많은 반응, 부정적 댓글 등) 기록해 두기
- [ ] 경쟁 후보의 SNS 활동 간단히 체크하기
- [ ] 핵심 지지자들의 활동 확인하고 격려 메시지 보내기

2. 주간 분석하기

- [ ] 일주일간 가장 반응이 좋았던 콘텐츠 3개 찾아보기
- [ ] 팔로워/구독자 증가 추세 확인하기
- [ ] 온라인 활동이 오프라인 참여(자원봉사, 기부 등)로 이어진 사례 파악하기
- [ ] 다음 주 콘텐츠 계획 수정하기
- [ ] 캠페인 팀과 주간 회의 열어 데이터 공유하기
- [ ] 더 집중해야 할 유권자 그룹이나 지역 재확인하기

위기 대응 준비하기

1. 기본 준비

- [ ] 자주 받는 어려운 질문과 답변 미리 준비하기
- [ ] 발생 가능한 위기 상황 3가지 이상 예상하고 대응 시나리오 작성하기
- [ ] 위기 발생 시 연락할 핵심 팀원 명단과 연락처 정리하기
- [ ] 소문이나 허위 정보에 대응할 간단한 가이드라인 만들기
- [ ] 사과가 필요한 상황에 대비한 성명서 템플릿 준비하기
- [ ] SNS 모니터링 담당자 지정하기

2. 위기 발생 시

- [ ] 상황 정확히 파악하고 사실 확인하기
- [ ] 핵심 팀원들과 빠르게 소통하여 대응 방향 결정하기
- [ ] 24시간 내 명확한 입장 밝히기
- [ ] 부정확한 정보는 정중하게 바로잡기
- [ ] 필요시 1:1 대화나 직접 만남 제안하기
- [ ] 위기 해결 후 무엇을 배웠는지 팀 내부적으로 정리하기

선거 막바지 최종 점검

1. 마지막 2주

- [ ] 모든 SNS 계정이 최신 정보로 업데이트되었는지 확인하기
  - [ ] 메인 홈페이지에 투표 관련 정보 눈에 띄게 배치하기
  - [ ] 핵심 지지층 대상으로 투표 독려 메시지 전송하기
  - [ ] 모든 디지털 채널에 일관된 최종 메시지 게시하기
  - [ ] 자원봉사자들에게 온라인 활동 가이드라인 제공하기
  - [ ] 선거일 라이브 방송 계획 세우기

2. 선거일 활동
  - [ ] 아침 일찍 투표 인증샷 SNS에 올리기
  - [ ] 실시간으로 투표소 분위기와 자원봉사자 활동 소개하기
  - [ ] 지지자들의 투표 인증 공유 및 감사 메시지 남기기
  - [ ] 투표율이 낮은 지역 타깃으로 투표 독려 메시지 발송하기
  - [ ] 개표 상황 실시간 공유하기
  - [ ] 결과와 상관없이 감사 메시지 준비해서 올리기

이 To-Do 리스트 활용법

- 모든 항목을 한 번에 다 하려고 하지 마세요.
- 3개월, 1개월, 1주일 등 선거까지 남은 기간에 맞춰 우선순위를 정하세요.

- 팀원들과 역할을 나누어 담당 항목을 지정하세요.
- 매주 월요일에 완료한 항목을 체크하고 새로운 To-Do를 정하는 습관을 들이세요.
- 디지털 활동은 꾸준함이 중요합니다. 매일 15~30분이라도 온라인 소통에 투자하세요.

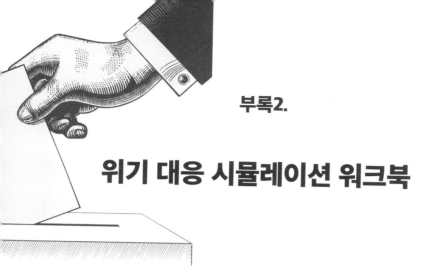

부록2.

위기 대응 시뮬레이션 워크북

이 워크북은 선거 캠페인 중 발생할 수 있는 디지털 평판 위기에 효과적으로 대응하는 능력을 기르기 위한 실전 연습 도구입니다. 실제 상황처럼 시뮬레이션을 진행하면서 단계별 대응 능력을 향상할 수 있습니다.

워크북 사용법

1. 캠페인 팀원들과 함께 2~3시간의 시간을 정해 시뮬레이션 세션을 진행합니다.
2. 아래 시나리오 중 하나를 선택하거나, 여러분의 상황에 맞게 수정합니다.
3. 시간제한을 설정하고 실제 위기처럼 대응합니다.
4. 단계별 체크리스트를 따라가며 필요한 조치를 취합니다.
5. 시뮬레이션 후 팀원들과 함께 대응 과정을 검토하고 개선점을 논의합니다.

시뮬레이션 시나리오 1: 허위 정보 확산

【 상황 】 선거일 2주 전, SNS에서 당신이 특정 개발 사업과 관련하여 뒷거래했다는 허위 정보가 급속히 확산하고 있습니다. 익명의 계정에서 시작된 이 소문은 지역 커뮤니티와 단체 채팅방에서 빠르게 퍼지고 있으며, 일부 지역 언론에서도 "논란이 되고 있다"라는 식으로 보도하기 시작했습니다.

1단계: 초기 대응 (처음 30분)

- [ ] 팀 긴급회의 소집하기
- [ ] 현재 소문의 정확한 내용과 확산 정도 파악하기
- 어떤 플랫폼에서 가장 활발히 퍼지고 있는지?
- 누가 주로 공유하고 있는지? (일반 시민? 반대 진영?)
- 얼마나 많은 사람들이 이 정보에 노출되었는지?
- [ ] 사실관계 확인하기
- 해당 개발 사업과의 실제 관계 정리하기
- 반박할 수 있는 증거 자료 수집하기
- [ ] 내부 커뮤니케이션 라인 설정하기
- 누가 공식 대변인 역할을 할 것인지?
- 팀원들에게 어떻게 상황을 공유할 것인지?
- [ ] 초기 모니터링 담당자 지정하기
- SNS 반응 실시간 추적

- 언론 동향 체크
- 지지자들의 반응 살피기

2단계: 대응 전략 수립 (30분~2시간)

- [ ] 대응 메시지의 핵심 포인트 3가지 정하기
- 명확한 사실관계 제시
- 개인적 입장 표명
- 향후 조치 계획
- [ ] 대응 수준 결정하기
- 직접 반박이 필요한 수준인가?
- 무시하는 것이 더 나은가?
- 법적 대응이 필요한가?
- [ ] 대응 채널 선정하기
- 어떤 플랫폼에서 먼저 대응할 것인가?
- 공식 성명을 낼 것인가?
- 언론 인터뷰가 필요한가?
- [ ] 증거 자료 준비하기
- 반박할 수 있는 문서나 자료 정리하기
- 필요시 인포그래픽이나 설명 자료 제작하기
- [ ] 지지자 대응 가이드 만들기
- 핵심 지지자들에게 어떤 메시지를 전달할 것인가?
- 그들은 어떻게 대응하면 좋을지 안내하기

3단계: 실행 (2~24시간)

- [ ] 공식 입장 발표하기
- 사실관계 명확히 정리한 성명서 발표하기
- 간결하고 명확한 메시지로 작성하기
- 공격적이기보다 차분하고 단호한 톤 유지하기
- [ ] 핵심 채널에 동시 발표하기
- 공식 SNS 계정
- 홈페이지/블로그
- 지지자 커뮤니티
- [ ] 직접 소통 강화하기
- 가능하다면 라이브 방송이나 영상 메시지 준비하기
- 질문에 성실히 답변하기
- 추가 증거나 설명 자료 공유하기
- [ ] 언론 대응하기
- 필요시 보도자료 배포하기
- 언론사 질의에 일관된 답변 제공하기
- 왜곡 보도에 대해 정중하게 정정 요청하기
- [ ] 지지자 네트워크 활성화하기
- 핵심 지지자들에게 상황 설명하고 지원 요청하기
- 소문 차단과 사실 전파에 도움 요청하기

4단계: 모니터링 및 조정 (24~72시간)

- [ ] 대응 효과 확인하기
- 소문이 줄어들고 있는가?
- 지지자들의 반응은 어떠한가?
- 언론 보도 경향이 변하고 있는가?
- [ ] 후속 대응 결정하기
- 추가 설명이 필요한 부분이 있는가?
- 새로운 질문이나 의혹이 제기되고 있는가?
- 법적 조치가 필요한 단계인가?
- [ ] 메시지 조정하기
- 효과적인 메시지와 채널 강화하기
- 효과가 낮은 접근법 수정하기
- 질문이 많은 부분에 대한 추가 설명 준비하기
- [ ] 긍정적 내러티브 강화하기
- 위기에 묻히지 않도록 캠페인 본래 메시지 지속하기
- 지지자들의 응원 메시지 공유하기
- 예정된 정책 발표나 활동 계속하기

5단계: 평가 및 학습 (위기 후)

- [ ] 대응 과정 전체 리뷰하기
- 무엇이 효과적이었는가?
- 무엇이 미흡했는가?

- 예상치 못한 상황은 무엇이었는가?

• [ ] 개선점 도출하기

- 더 빠르게 대응할 수 있었던 방법은?

- 준비가 부족했던 부분은?

- 팀 협업에서 개선할 점은?

• [ ] 예방 시스템 강화하기

- 비슷한 위기를 미리 방지할 방법은?

- 모니터링 시스템을 어떻게 개선할 수 있을까?

- 필요한 추가 교육이나 준비는?

• [ ] 학습 내용 문서화하기

- 다음 위기에 대비해 핵심 교훈 정리하기

- 대응 매뉴얼 업데이트하기

- 팀원들과 학습 내용 공유하기

시뮬레이션 시나리오 2: 부적절한 발언 논란

【 상황 】선거 운동 중 진행된 소규모 간담회에서 당신의 부주의한 발언이 영상으로 촬영되어 SNS에 공유되었습니다. 10초 남짓한 짧은 클립이지만, 맥락이 제거된 채 마치 특정 집단을 비하하는 발언처럼 편집되어 확산하고 있습니다. 해시태그와 함께 빠르게 퍼지면서 온라인상에서 비난이 쏟아지고 있습니다.

1단계: 초기 대응 (처음 30분)

- [ ] 원본 영상 확보하기
- 간담회 전체 영상 찾기
- 실제 발언의 전후 맥락 확인하기
- 누가 촬영했고 최초 공유자는 누구인지 파악하기
- [ ] 확산 상황 파악하기
- 어떤 플랫폼에서 주로 확산하고 있는지?
- 해시태그 사용 빈도 및 반응 살피기
- 주요 비판 내용과 톤 분석하기
- [ ] 팀 긴급회의 소집하기
- 상황 공유와 초기 대응 방향 결정하기
- 공식 대응 담당자 지정하기
- 역할 분담하기 (모니터링, 콘텐츠 제작, 대외 소통)

- [ ] 초기 대응 메시지 준비하기
- 상황 인지하고 있음을 알리는 짧은 메시지 작성하기
- 자세한 입장은 곧 발표하겠다는 내용 포함하기
- [ ] 즉각적인 모니터링 시작하기
- 주요 SNS 플랫폼 반응 추적
- 언론사 동향 체크
- 댓글과 공유 패턴 분석하기

2단계: 대응 전략 수립 (30분~2시간)

- [ ] 발언의 실제 의도와 맥락 정리하기
- 전체 맥락에서 해당 발언의 진짜 의미는?
- 오해를 야기한 부분은 무엇인지?
- 명확히 설명할 수 있는 방법은?
- [ ] 대응 메시지 핵심 결정하기
- 사과가 필요한가, 해명이 필요한가?
- 핵심 메시지 3가지 이내로 정리하기
- 진정성 있는 톤으로 작성하기
- [ ] 증거 자료 준비하기
- 전체 영상 편집하여 실제 맥락 보여주기
- 필요시 관련된 과거 발언이나 활동 자료 수집하기
- 텍스트 전사본 준비하기
- [ ] 대응 형식 결정하기
- 서면 성명? 영상 메시지? 라이브 방송?

- 어떤 채널에서 대응할 것인가?
- 직접 소통과 간접 소통의 균형은?
• [ ] 내부 커뮤니케이션 강화하기
- 모든 캠페인 팀원에게 상황과 대응 방향 공유하기
- 대응 메시지 일관성을 위한 가이드라인 제공하기
- 개인적인 소셜미디어 활동 주의사항 안내하기

3단계: 실행 (2~24시간)

• [ ] 공식 입장 발표하기
- 진정성 있는 메시지 발표하기
- 필요시 오해에 대한 솔직한 사과 포함하기
- 실제 의도와 맥락 명확히 설명하기
• [ ] 증거 자료 동시 공개하기
- 전체 맥락이 담긴 영상 공유하기
- 필요시 관련 배경 설명 자료 함께 제공하기
- 이전의 일관된 입장이나 활동 자료 공유하기
• [ ] 직접 소통 강화하기
- 가능하다면 라이브 방송으로 직접 설명하기
- 솔직하고 진솔한 태도 보여주기
- 질문에 회피하지 않고 정직하게 답변하기
• [ ] 핵심 지지자 네트워크 활성화하기
- 상황 설명과 함께 지원 요청하기
- 공식 입장 공유 요청하기

- 과도한 방어보다 사실 전달에 집중하도록 안내하기
- [ ] 언론 대응하기
- 명확한 보도자료 배포하기
- 필요시 인터뷰 제공하기
- 왜곡된 보도에 대한 정정 요청하기

4단계: 모니터링 및 조정 (24~72시간)

- [ ] 대응 효과 분석하기
- 여론 변화 추이 확인하기
- 비판의 강도와 빈도 변화 체크하기
- 지지자들의 반응 살피기
- [ ] 지속적인 커뮤니케이션 유지하기
- 추가 질문이나 우려에 대응하기
- 필요시 추가 설명 자료 제공하기
- 투명하고 열린 소통 자세 유지하기
- [ ] 메시지 조정하기
- 효과적인 설명 방식 강화하기
- 오해가 계속되는 부분 추가 설명하기
- 공감과 이해를 얻는 표현 방식 찾기
- [ ] 논란을 넘어 본래 메시지로 전환하기
- 캠페인의 핵심 메시지와 정책 논의로 전환하기
- 긍정적인 활동과 제안 강조하기
- 교훈을 바탕으로 한 건설적 논의 유도하기

5단계: 평가 및 학습 (위기 후)

- [ ] 위기 발생 원인 분석하기
- 왜 이런 오해가 발생했는가?
- 예방할 수 있었던 방법은?
- 발언 스타일이나 내용에서 개선할 점은?
- [ ] 대응 과정 평가하기
- 효과적이었던 대응 전략은?
- 미흡했던 부분은?
- 시간 관리와 리소스 배분은 적절했는가?
- [ ] 팀 대응 역량 점검하기
- 팀의 위기 대응 준비도는 어땠는가?
- 역할 분담과 협업이 잘 이루어졌는가?
- 의사결정 과정에서 개선할 점은?
- [ ] 향후 예방책 마련하기
- 발언 시 주의 사항 정리하기
- 영상 촬영 환경 관리 방안 마련하기
- 정기적인 미디어 트레이닝 계획하기

시뮬레이션 시나리오 3: SNS 계정 해킹

【 상황 】선거일 1주일 전, 당신의 공식 캠페인 페이스북 계정이 해킹되었습니다. 해커가 부적절한 내용과 거짓 정보를 담은 게시물을 올리기 시작했고, 팔로워들은 혼란스러워하며 다양한 반응을 보이고 있습니다. 일부는 이것이 해킹인 것을 눈치챘지만, 일부는 실제 게시물로 오해하고 있으며, 경쟁 캠프에서는 이를 공격 기회로 활용하고 있습니다.

1단계: 초기 대응 (처음 30분)

- [ ] 계정 보안 조치 즉시 시행하기
- 페이스북 고객센터에 해킹 신고하기
- 가능하다면 계정 접근 복구 시도하기
- 임시 비밀번호 재설정 요청하기
- [ ] 대체 커뮤니케이션 채널 활성화하기
- 다른 SNS 계정(인스타그램, 트위터 등)에 해킹 사실 알리기
- 공식 홈페이지나 블로그에 상황 공지하기
- 핵심 지지자들에게 직접 메시지로 상황 설명하기
- [ ] 피해 상황 파악하기
- 어떤 게시물이 올라갔는지 스크린샷으로 증거 수집하기
- 얼마나 많은 사람들이 게시물을 봤는지 확인하기
- 주요 반응과 확산 정도 체크하기

- [ ] 팀 긴급 대응 체계 가동하기
- 핵심 팀원들에게 즉시 연락하기
- 역할 분담하기 (기술 대응, 커뮤니케이션, 모니터링)
- 대응 일정과 채널 결정하기
- [ ] 초기 공지문 작성하기
- 해킹 사실을 명확히 알리는 짧은 메시지 준비하기
- 해킹 게시물의 내용을 신뢰하지 말 것을 요청하기
- 상황 해결을 위해 노력 중임을 알리기

2단계: 대응 전략 수립 (30분~2시간)

- [ ] 기술적 대응 방안 마련하기
- 전문가 도움을 받아 계정 복구 방법 찾기
- 해킹 경로 파악하기 (피싱? 비밀번호 유출?)
- 2단계 인증 등 보안 강화 방안 준비하기
- [ ] 커뮤니케이션 전략 수립하기
- 어떤 채널을 통해 공식 입장을 발표할 것인가?
- 해킹 게시물의 허위성을 어떻게 명확히 설명할 것인가?
- 지지자들에게 어떤 행동을 요청할 것인가?
- [ ] 법적 대응 검토하기
- 사이버수사대에 신고할 필요가 있는가?
- 페이스북의 추가적인 지원을 받을 방법은?
- 필요시 법률 자문 구하기
- [ ] 위기 완화 전략 준비하기

- 해킹 게시물로 인한 피해를 최소화할 방법은?
- 경쟁 캠프의 공격에 대응할 전략은?
- 유권자들의 신뢰를 빠르게 회복할 방법은?
• [ ] 대체 소통 계획 마련하기
- 계정 복구까지 어떤 채널로 소통할 것인가?
- 예정된 중요 발표나 콘텐츠는 어떻게 전달할 것인가?
- 임시 페이지나 계정을 만들 필요가 있는가?

3단계: 실행 (2~24시간)

• [ ] 공식 입장 발표하기
- 모든 활성화된 채널에 해킹 사실 공지하기
- 해킹 게시물의 내용이 허위임을 명확히 설명하기
- 상황 해결을 위한 조치와 예상 시간 공유하기
• [ ] 기술적 문제 해결하기
- 페이스북 측과 적극 협력하여 계정 복구하기
- 해킹 게시물 삭제 요청하기
- 보안 강화 조치 적용하기
• [ ] 광범위한 정보 전파하기
- 핵심 지지자들에게 상황 설명하고 공유 요청하기
- 필요시 공식 보도자료 배포하기
- 캠페인 뉴스레터 긴급 발송하기
• [ ] 해킹 관련 오해 적극 해소하기
- 잘못된 정보가 퍼지는 곳에 직접 정정 댓글 달기

- 해킹 게시물 내용 구체적으로 반박하기
- 지지자들이 오해 해소에 동참하도록 독려하기
- [ ] 대체 콘텐츠 전략 실행하기
- 예정된 중요 메시지 다른 채널로 전달하기
- 임시 페이지나 그룹 활성화하기
- 계정 복구 상황 정기적으로 업데이트하기

4단계: 모니터링 및 조정 (24~72시간)

- [ ] 계정 복구 후 조치 취하기
- 해킹관련 공식 설명 게시물 올리기
- 모든 비밀번호 및 보안 설정 변경하기
- 의심스러운 관리자나 연결 앱 점검하고 제거하기
- [ ] 지속적인 모니터링 진행하기
- 해킹 관련 언급과 반응 추적하기
- 오해가 계속 퍼지고 있는지 확인하기
- 추가적인 보안 위협 징후 살피기
- [ ] 정상 활동 재개하기
기존 콘텐츠 일정 재개하기
필요시 일정과 메시지 조정하기
긍정적이고 활기찬 캠페인 분위기 조성하기
- [ ] 신뢰 회복 활동 전개하기
- 투명하게 상황 설명하고 교훈 공유하기
- 보안 강화 조치 안내하기

- 지지자들의 이해와 지원에 감사 표시하기

5단계: 평가 및 학습 (위기 후)

- [ ] 해킹 원인 분석하기
- 어떤 보안 취약점이 있었는가?
- 내부 실수나 관리 문제는 없었는가?
- 예방할 수 있었던 방법은?
- [ ] 대응 과정 평가하기
- 얼마나 신속하고 효과적으로 대응했는가?
- 커뮤니케이션 전략은 적절했는가?
- 대체 채널 활용은 효과적이었는가?
- [ ] 보안 시스템 강화하기
- 모든 계정의 보안 설정 검토하기
- 팀원들에게 보안 교육 실시하기
- 계정 접근 권한 재정비하기
- [ ] 위기 대응 매뉴얼 업데이트하기
- 해킹 대응 절차 명문화하기
- 비상 연락망 업데이트하기
- 대체 소통 채널 목록 정비하기

※ 팀 역할 배정표

각 시뮬레이션에서 팀원들의 역할을 명확히 하기 위한 배정표입니다. 실제 위기 상황에서도 이와 같은 역할 분담이 필요합니다.

역할	담당업무	담당자
위기대응 총괄	전체 대응 조율, 최종 의사결정	
소통 책임자	공식 메시지 작성, 대외 커뮤니케이션	
모니터링 담당	온라인 반응 실시간 추적, 데이터 분석	
콘텐츠 제작자	해명 자료, 그래픽, 영상 등 제작	
미디어 대응	언론사 연락, 인터뷰 조율	
지지자 관리	핵심 지지자 네트워크 활성화, 정보 전달	
기술 지원	계정 관리, 보안 문제 해결	
법률 자문	법적 대응 필요시 자문 제공	

※ 시뮬레이션 평가 및 개선 워크시트

시뮬레이션 완료 후 팀의 대응을 평가하고 개선점을 찾기 위한 워크시트입니다.

시간 대응력

- 초기 30분 내 대응: _____ (1~5점)
- 개선할 점:
- 잘한 점:

메시지 효과성

- 메시지 명확성: _____ (1~5점)
- 메시지 일관성: _____ (1~5점)
- 개선할 점:
- 잘한 점:

팀 협업

- 역할 분담 명확성: _____ (1~5점)
- 내부 커뮤니케이션: _____ (1~5점)

- 개선할 점:
- 잘한 점:

자원 활용

- 가용 채널 활용도: _____ (1~5점)
- 지지자 네트워크 활용: _____ (1~5점)
- 개선할 점:
- 잘한 점:

해결책 효과성

- 문제 해결 완성도: _____ (1~5점)
- 재발 방지 대책 마련: _____ (1~5점)
- 개선할 점:
- 잘한 점:

※ 잠재적 위험 요소 파악하기

다음 질문에 답하면서 자신의 캠페인에 특화된 위험 요소를 파악해 보세요:

과거 발언이나 활동 중 논란이 될 수 있는 것은?
- [ ] 정리하기:

경쟁 후보가 공격할 만한 약점은?
- [ ] 정리하기:

지역 내 민감한 이슈나 갈등은?
- [ ] 정리하기:

소셜미디어에서 오해를 불러일으킬 수 있는 요소는?
- [ ] 정리하기:

캠페인 팀 내부에서 발생할 수 있는 문제는?
- [ ] 정리하기:

※ 나만의 위기 시나리오 작성하기

자신의 캠페인에서 실제로 발생할 수 있는 위기 상황을 예측하고 시나리오를 만들어 봅시다.

【 나만의 위기 시나리오 템플릿 】

위에서 파악한 위험 요소를 바탕으로 실제 시나리오를 작성해 보세요.

위기 유형: (예: 오해/왜곡, 내부 충돌, 과거 활동 논란 등)

상황 설명:
- 어떤 일이 발생했는가:
- 어떤 채널을 통해 확산하고 있는가:
- 주요 비판/문제 내용은 무엇인가:
- 위기 발생 시점(선거일 기준):

예상되는 영향:

- 어떤 유권자 그룹에 영향을 미칠 것인가:
- 얼마나 빠르게 확산할 것인가:
- 얼마나 오래 지속될 것인가:

대응 계획초기 대응 (30분 내):

- [ ]
- [ ]
- [ ]

전략 수립 (2시간 내):

- [ ]
- [ ]
- [ ]

실행 계획 (24시간 내):

- [ ]
- [ ]
- [ ]

후속 조치:

- [ ]
- [ ]
- [ ]

※ 위기 예방 체크리스트

평소에 디지털 평판 위기를 예방하기 위해 정기적으로 점검해야 할 항목들입니다.

주간 점검 항목

- [ ] 모든 SNS 계정 비밀번호 안전한지 확인하기
- [ ] 캠페인 팀원들의 개인 SNS 활동 가이드라인 상기시키기
- [ ] 온라인 언급 및 해시태그 모니터링하기
- [ ] 경쟁 후보의 활동과 메시지 체크하기
- [ ] 지역 내 주요 이슈와 논쟁 파악하기

월간 점검 항목

- [ ] 모든 디지털 채널 관리자 권한 점검하기
- [ ] 위기 대응 연락망 업데이트하기
- [ ] 계정 보안 설정 검토하기 (2단계 인증 등)
- [ ] 주요 온라인 커뮤니티 분위기 파악하기
- [ ] 위기 대응 시뮬레이션 1회 실시하기

지속적인 예방 활동

- [ ] 발언 전 녹음/촬영 여부 항상 확인하는 습관 들이기
- [ ] 민감한 주제에 대한 입장 정리해 두기
- [ ] 지지자들과 정기적으로 소통하여 관계 유지하기
- [ ] 논란 가능성 있는 과거 자료 미리 파악하고 대응책 마련해 두기
- [ ] 팀원들과 정기적인 미디어 트레이닝 진행하기

※ 비상 연락망 템플릿

위기 상황 발생 시 신속한 대응을 위한 연락망입니다. 인쇄해서 모든 핵심 팀원이 항상 휴대하도록 합니다.

역할	이름	연락처	보조 연락처
후보자			
캠페인 매니저			
커뮤니케이션 책임자			
소셜미디어 담당자			
법률 자문			
IT/보안 담당자			
대변인			
미디어 연락 담당			

외부 비상 연락처:

- 경찰 사이버수사대:
- 선거관리위원회:
- 신뢰할 수 있는 언론인:
- SNS 플랫폼 고객센터:

263

이 워크북을 통해 디지털 평판 위기에 대비하고, 실제 상황에서 신속하고 효과적으로 대응할 수 있는 능력을 기를 수 있습니다. 정기적인 시뮬레이션과 팀 훈련을 통해 위기 대응 역량을 지속적으로 향상시키세요. 기억하세요 - 위기는 준비된 팀에게는 기회가 될 수 있습니다.

30일 온라인
퍼스널 브랜딩 챌린지

이 30일 챌린지는 후보자가 디지털 공간에서 강력한 개인 브랜드를 구축하는 데 도움이 되는 단계별 실천 프로그램입니다. 매일 15~30분만 투자하면 한 달 후에는 확실히 달라진 온라인 존재감을 경험할 수 있습니다.

챌린지 사용법

1. 매일 아침이나 저녁 같은 시간에 그날의 미션을 실행합니다.
2. 미션을 완료한 후 체크박스에 표시하세요.
3. 결과와 배운 점을 간단히 기록해 두면 더 효과적입니다.
4. 30일 연속으로 하는 것이 이상적이지만, 필요하다면 주말에 쉬고 6주에 걸쳐 진행해도 좋습니다.
5. 선거 일정에 맞춰 가장 중요한 항목부터 시작할 수도 있습니다.

1주차: 기반 다지기

Day 1: 디지털 자산 점검하기
- [ ] 구글에서 내 이름 검색해 보기
- [ ] 첫 페이지에 나오는 모든 결과 기록하기
- [ ] SNS 계정 전체 목록 만들기 (활성/비활성 모두)
- [ ] 각 계정의 팔로워 수, 게시물 수, 최근 활동 기록하기

Day 2: 핵심 메시지 정의하기
- [ ] 내가 대표하는 3가지 핵심 가치 정리하기
- [ ] 유권자들에게 전하고 싶은 가장 중요한 메시지 한 문장으로 쓰기
- [ ] 나를 한마디로 표현할 수 있는 태그라인 3가지 시도해 보기
- [ ] 내 메시지가 타깃 유권자층의 관심사와 일치하는지 확인하기

Day 3: 프로필 사진 업데이트
- [ ] 전문적이고 친근한 느낌의 새 프로필 사진 촬영하기
- [ ] 모든 SNS 계정에 동일한 사진 적용하기 (일관성 유지)
- [ ] 배경 이미지도 브랜드 메시지와 일치하게 업데이트하기
- [ ] 모바일에서 프로필이 어떻게 보이는지 확인하기

Day 4: 자기소개 재작성하기
- [ ] 모든 플랫폼의 자기소개(bio) 검토하기
- [ ] 핵심 가치와 메시지를 담은 간결한 자기소개로 업데이트하기
- [ ] 지역명, 역할, 목표 등 핵심 정보 포함시키기

- [ ] 자연스러운 키워드를 포함시켜 검색 최적화하기

Day 5: 콘텐츠 캘린더 만들기

- [ ] 주 2~3회 게시할 콘텐츠 유형 정하기
- [ ] 다음 2주간의 예상 주제 목록 작성하기
- [ ] 지역 행사, 기념일 등 활용할 수 있는 타임라인 정리하기
- [ ] 각 플랫폼별 최적의 게시 시간대 조사하기

Day 6: 첫 번째 진정성 있는 게시물

- [ ] 개인 이야기와 정치적 여정을 담은 글 작성하기
- [ ] 왜 출마했는지/정치에 관심을 갖게 됐는지 진솔하게 공유하기
- [ ] 좋은 품질의 관련 사진 포함하기
- [ ] 유권자들과 대화를 시작하는 질문으로 마무리하기

Day 7: 1주차 분석 및 조정

- [ ] 1주일간의 활동에 대한 반응 살펴보기
- [ ] 가장 많은 호응을 얻은 콘텐츠 유형 파악하기
- [ ] 예상보다 반응이 좋았거나 나빴던 요소 기록하기
- [ ] 다음 주 전략에 반영할 3가지 배움 포인트 정리하기

2주차: 관계 구축하기

Day 8: 지역 커뮤니티 매핑

- [ ] 지역 내 주요 온라인 그룹과 커뮤니티 10개 이상 찾기
- [ ] 각 그룹의 성격, 회원 수, 활성도 기록하기
- [ ] 참여 가능한 그룹 3~5개 선정하여 가입하기

- [ ] 각 그룹의 규칙 및 문화 파악하기

Day 9: 지역 인플루언서 연결하기

- [ ] 지역 내 영향력 있는 계정 10개 리스트 만들기
- [ ] 각 인플루언서 콘텐츠 살펴보고 관심사 파악하기
- [ ] 3~5명의 인플루언서 게시물에 의미 있는 댓글 남기기
- [ ] 자연스러운 방법으로 1~2명과 직접 대화 시작하기

Day 10: 실시간 소통하기

- [ ] 짧은 라이브 방송 준비하기 (주제, 말할 내용, 질문 대비)
- [ ] 인스타그램/페이스북/유튜브 등에서 10~15분 라이브 진행하기
- [ ] 시청자 질문에 실시간으로 답변하기
- [ ] 다음 라이브 일정 공지하고 보고 싶은 내용 의견 묻기

Day 11: 일상의 한 장면 공유하기

- [ ] 캠페인 준비나 지역 활동 모습 담은 자연스러운 사진 찍기
- [ ] 스토리 형식으로 올리고 배경 설명 추가하기
- [ ] 비하인드 스토리나 재미있는 에피소드 함께 공유하기
- [ ] 팔로워들에게 그들의 일상도 공유해달라고 요청하기

Day 12: 지역 이슈 대화 시작하기

- [ ] 지역의 중요한 이슈 하나 선정하기
- [ ] 해당 이슈에 대한 나의 입장과 해결책 간략히 정리하기
- [ ] 개인 경험이나 사례를 포함한 진정성 있는 게시물 작성하기
- [ ] 팔로워들의 의견을 묻는 질문으로 대화 유도하기

Day 13: 댓글에 성실히 답변하기

- [ ] 모든 SNS 계정의 댓글과 메시지 확인하기

- [ ] 받은 모든 댓글과 질문에 개인화된 답변 남기기
- [ ] 부정적인 댓글에도 차분하고 건설적으로 대응하기
- [ ] 특히 유용한 질의응답은 따로 정리해 향후 콘텐츠에 활용하기

Day 14: 2주차 분석 및 조정

- [ ] 2주간의 활동 데이터 검토하기
- [ ] 팔로워 증가율, 참여율, 도달률 변화 기록하기
- [ ] 어떤 주제와 콘텐츠 형식이 가장 효과적이었는지 분석하기
- [ ] 다음 주 전략에 반영할 인사이트 3가지 도출하기

3주차: 콘텐츠 다양화하기

Day 15: 정책 설명 카드뉴스

- [ ] 핵심 정책 하나 선정하기
- [ ] 5~7장의 카드로 쉽게 설명하는 시리즈 만들기
- [ ] 각 카드는 한 가지 포인트만 담고, 시각적 요소 추가하기
- [ ] 마지막에 행동 유도 문구(더 알아보기, 의견 남기기 등) 넣기

Day 16: 짧은 영상 메시지

- [ ] 30~60초 분량의 짧은 영상 메시지 준비하기
- [ ] 핵심 메시지 하나만 집중해서 전달하기
- [ ] 자연광이 있는 친근한 배경에서 촬영하기
- [ ] 자막 추가하여 소리 없이도 내용 전달되게 하기

Day 17: 지역 명소/비즈니스 소개

- [ ] 지역 내 의미 있는 장소나 사업체 방문하기

- [ ] 해당 장소와 관련된 개인적 이야기나 의미 공유하기
- [ ] 사진 또는 짧은 영상으로 소개하기
- [ ] 지역 경제 활성화 메시지와 자연스럽게 연결하기

Day 18: 정치인의 일상 보여주기
- [ ] 하루 일과를 짧은 동영상이나 사진 시리즈로 기록하기
- [ ] 미팅, 지역 방문, 준비 과정 등 다양한 활동 보여주기
- [ ] 정치 활동의 비하인드 스토리 공유하기
- [ ] 개인적인 습관이나 취미도 적절히 보여주기

Day 19: 질의응답 세션
- [ ] 팔로워들에게 미리 질문받기
- [ ] 가장 많이 받은 5~7개 질문 선정하기
- [ ] 각 질문에 대한 답변을 영상이나 글로 제작하기
- [ ] 다음 Q&A 주제 제안받기

Day 20: 주요 지지자/시민 인터뷰
- [ ] 지역 주민이나 지지자 중 이야기를 나눌 사람 선정하기
- [ ] 5~10분 정도의 짧은 대화 녹화하기
- [ ] 지역 이슈와 일상적 관심사 모두 다루기
- [ ] 인터뷰이의 동의하에 하이라이트 공유하기

Day 21: 3주차 분석 및 조정
- [ ] 다양한 콘텐츠 유형별 성과 비교하기
- [ ] 영상, 이미지, 텍스트 중 가장 효과적인 형식 파악하기
- [ ] 주제별 반응 분석하기
- [ ] 마지막 주에 집중할 콘텐츠 유형과 주제 결정하기

4주차: 참여 극대화 및 행동 유도하기

Day 22: 유권자 참여 캠페인

- [ ] 간단한 해시태그 캠페인 만들기 (예: #내가바라는우리동네)
- [ ] 첫 번째 예시 게시물 직접 올리기
- [ ] 팔로워들에게 참여 방법 안내하기
- [ ] 참여자들의 게시물 리포스팅하고 감사 표현하기

Day 23: 데이터 기반 인포그래픽

- [ ] 지역 관련 중요한 데이터 수집하기
- [ ] 시각적으로 이해하기 쉬운 인포그래픽 제작하기
- [ ] 문제점과 해결책을 함께 제시하기
- [ ] 더 많은 정보를 얻을 수 있는 링크 제공하기

Day 24: 가상 타운홀 미팅

- [ ] 30~60분 길이의 온라인 타운홀 미팅 계획하기
- [ ] 소셜미디어와 이메일로 사전 홍보하기
- [ ] 주요 이슈 3~5가지에 대한 입장 준비하기
- [ ] 실시간 질문 받고 답변하는 세션 포함하기

Day 25: 성과와 비전 공유

- [ ] 그동안의 캠페인 성과 정리하기
- [ ] 앞으로의 비전과 구체적 계획 정리하기
- [ ] 진행 중인 프로젝트와 다음 단계 공유하기
- [ ] 지지자들의 도움이 필요한 부분 구체적으로 요청하기

Day 26: 개인 서약과 약속

- [ ] 당선 후 첫 100일 동안의 실천 계획 공유하기
- [ ] 유권자들에게 하는 3~5가지 핵심 약속 정리하기
- [ ] 약속을 지키기 위한 구체적인 방법 설명하기
- [ ] 진정성 있는 영상 메시지로 전달하기

Day 27: 지지자 감사 표현
- [ ] 캠페인에 도움을 준 주요 지지자들 언급하기
- [ ] 특별한 순간들을 담은 사진 모음 공유하기
- [ ] 진심 어린 감사 메시지 작성하기
- [ ] 앞으로도 함께하자는 메시지로 마무리하기

Day 28: 최종 행동 촉구
- [ ] 투표일/중요 행사 일정 다시 안내하기
- [ ] 지지자들이 할 수 있는 구체적인 행동 3가지 제안하기
- [ ] 온/오프라인 참여 방법 모두 안내하기
- [ ] 한 명이 만들 수 있는 변화의 중요성 강조하기

Day 29: 30일 여정 돌아보기
- [ ] 30일 동안의 변화와 성장 스토리 공유하기
- [ ] 처음과 현재의 데이터 비교하기 (팔로워 수, 참여율 등)
- [ ] 가장 인상적이었던 순간과 배움 공유하기
- [ ] 팔로워들의 참여와 지지에 감사 표현하기

Day 30: 다음 단계 공유
- [ ] 앞으로의 디지털 브랜딩 및 소통 계획 공유하기
- [ ] 정기적으로 진행할 온라인 활동 안내하기
- [ ] 구체적인 후속 참여 방법 제시하기
- [ ] 함께 만들어갈 미래에 대한 희망적 메시지로 마무리하기

【 챌린지 완료 후 점검 리스트 】

이 30일 챌린지를 통해 다음 항목들이 개선되었는지 확인해 보세요:

디지털 존재감 변화

- [ ] 팔로워/구독자 수 증가율: _____%
- [ ] 평균 게시물 참여율(좋아요, 댓글, 공유): _____%
- [ ] 웹사이트/블로그 방문자 수 변화: _____%
- [ ] 구글 검색 결과 첫 페이지 변화: _____%

콘텐츠 성과

- [ ] 가장 높은 참여를 얻은 콘텐츠 유형: _____
- [ ] 가장 반응이 좋았던 주제: _____
- [ ] 최적의 게시 시간대: _____
- [ ] 가장 활성화된 플랫폼: _____

관계 구축

- [ ] 새롭게 연결된 지역 인플루언서 수: _____명
- [ ] 활발한 대화가 오가는 온라인 커뮤니티: _____개
- [ ] 직접 메시지로 연락해 온 유권자 수: _____명
- [ ] 오프라인 만남으로 이어진 온라인 연결: _____건

다음 단계 계획

- [ ] 주간 디지털 활동 계획 수립하기
- [ ] 월간 온라인 이벤트 일정 정하기
- [ ] 정기적으로 업데이트할 콘텐츠 시리즈 기획하기
- [ ] 디지털 브랜딩 성과 측정 시스템 구축하기

【 실전 팁과 주의 사항 】

1. 일관성이 핵심입니다. 매일 조금씩이라도 꾸준히 하는 것이 간헐적으로 많이 하는 것보다 효과적입니다.

2. 진정성을 유지하세요. 인위적이거나 과장된 퍼스널 브랜딩은 오히려 역효과를 가져올 수 있습니다.

3. 데이터를 활용하세요. 각 플랫폼의 분석 도구를 통해 어떤 콘텐츠가 효과적인지 지속적으로 확인하세요.

4. 대화하세요, 홍보만 하지 마세요. 일방적인 메시지 전달보다 유권자들과의 진정한 대화를 우선시하세요.

5. 비판에 열린 자세를 유지하세요. 부정적인 의견도 건설적으로 받아들이고 성장의 기회로 삼으세요.

6. 개인정보 보호에 주의하세요. 너무 많은 개인정보나 민감한 내용을 공유하지 않도록 합니다.

7. 선거법과 플랫폼 정책을 준수하세요. 각 플랫폼의 정치 광고 관련 정책과 선거법을 미리 숙지하세요.

8. 도움을 구하는 것을 두려워하지 마세요. 필요하다면 디지털 마케팅 전문가나 젊은 자원봉사자의 도움을 받으세요.

이 30일 챌린지는 단기간에 강력한 온라인 퍼스널 브랜드를 구축하기 위한 출발점입니다. 챌린지 이후에도 배운 습관과 전략을 지속적으로 실천한다면, 디지털 공간에서의 영향력과 신뢰도를 계속해서 키워나갈 수 있을 것입니다.

성공적인 온라인 퍼스널 브랜딩을 통해 더 많은 유권자와 의미 있는 연결을 만들어 가시길 바랍니다!

패배에서 피어난 승리: 한 정치인의 이야기

2020년 4월, 수도권의 한 선거사무소. H 후보는 선거 결과 화면을 응시하며 깊은 한숨을 내쉬었습니다. 3.2%의 득표율, 예상했던 것보다 훨씬 저조한 결과였습니다. 15년간의 지역 봉사, 탁월한 정책 전문성, 진정성 있는 소통에도 불구하고 유권자들은 그를 선택하지 않았습니다.

"좋은 사람인데, 뭔가 부족해." "정책은 좋은데, 당선될 것 같진 않아."

이것이 유권자들의 공통된 평가였습니다.

2년 후인 2022년, H 후보는 같은 지역구에서 42.6%의 득표율로 당선되었습니다. 무엇이 달라졌을까요? H 후보는 눈에 보이지 않던 전쟁, 디지털 평판 전쟁에서의 승리 전략을 발견했습니다.

그는 WINER 프레임워크를 자신의 캠페인에 적용했습니다. 지지 가능성이 높은 세 개의 핵심 유권자 세그먼트를 정확히 식별하고(Who to Win), 각 그룹의 심층적 가치와 우려 사항을 발굴했으며(Insight Digging), "지역의 미래를 지키는 현실적 혁신가"

라는 강력한 내러티브를 구축했습니다(Narrative Building). 전략적으로 디지털 채널과 오프라인 접점을 통합 설계하고(Exposure Design), 지속적인 피드백과 데이터 분석을 통해 전략을 최적화했습니다(Result Tracking).

오늘, H 의원은 자신의 성공 요인을 이렇게 요약합니다: "정책과 인격만으로는 충분하지 않았습니다. 유권자들이 저를 어떻게 인식하는지, 그 인식이 어떻게 형성되는지를 이해하고 체계적으로 접근하는 법을 배웠을 때 진정한 변화가 시작되었습니다."

‖ 디지털 평판 전쟁의 핵심 통찰 ‖

이 책을 통해 우리는 다음의 핵심 통찰을 얻었습니다:

1. 디지털 평판은 현실입니다. 온라인에서 형성된 인식은 단순한 이미지가 아닌, 오늘날 정치적 현실의 핵심 부분입니다. 유권자들은 후보자에 대한 직접 경험보다 디지털 공간에서 형성된 집단적 인식에 더 많은 영향을 받습니다.
2. 좋은 정책과 인품만으로는 부족합니다. 탁월한 정책과 훌륭한 인격은 필요조건이지만 충분조건이 아닙니다. 이것이 효과적으로 전달되고, 인식되고, 공명하기 위해서는 체계적인 전략이 필요합니다.
3. 평판은 사고(思考)가 아닌 설계의 영역입니다. 디지털 평판은 우연이나 운에 맡겨질 수 없으며, 체계적인 설계와 과학적 접

근을 통해 구축되어야 합니다. WINER 프레임워크는 이러한 설계의 실용적 로드맵을 제공합니다.

4. 통합적 시스템 사고가 필수적입니다. 개별 전술이나 플랫폼의 최적화가 아닌, 전체 디지털 생태계와 유권자 경험의 통합적 설계가 중요합니다. 모든 접점은 하나의 일관된 내러티브를 강화해야 합니다.

5. 적응형 실행이 승리를 결정합니다. 완벽한 초기 계획보다 중요한 것은 지속적인 학습과 적응의 능력입니다. 피드백 루프와 데이터 기반 최적화가 디지털 평판 전쟁의 승패를 가릅니다.

‖ 다음 주 월요일부터 시작할 다섯 가지 행동 ‖

이론적 이해를 넘어, 구체적인 행동으로 나아갈 때입니다. 다음 주 월요일부터 시작할 수 있는 다섯 가지 구체적인 단계를 제안합니다:

1. 디지털 평판 감사 실시하기
   - 자신의 이름과 관련 키워드로 웹검색 결과 첫 3페이지 분석하기
   - 소셜미디어에서의 자신에 대한 언급과 그 맥락 조사하기
   - 유권자 10명에게 "저에 대해 온라인에서 어떤 인상을 받으셨나요?"라고 직접 물어보기
   - **실행 도구**: 이 책의 부록 A 'WINER 디지털 평판 감사 템플릿' 활용

2. 핵심 유권자 세그먼트 정의하기

   - 지역구 인구통계 데이터와 과거 투표 패턴 수집하기

   - 승리를 위해 필수적인 3~5개의 핵심 유권자 그룹 식별하기

   - 각 세그먼트별 인구 규모, 핵심 관심사, 미디어 소비 패턴 분석하기

   - **실행 도구**: 이 책의 부록 B 'WINER 세그먼트 프로필링 워크시트' 활용

3. 핵심 내러티브 개발 워크숍 진행하기

   - 핵심 캠페인 팀과 함께 3시간의 집중 세션 개최하기

   - 자신의 고유한 강점, 경험, 가치를 명확히 정의하기

   - 유권자 세그먼트의 관심사와 가치와의 교차점 찾기

   - 10단어 이내의 핵심 내러티브 문장 개발하기

   - **실행 도구**: 이 책의 부록 C 'WINER 내러티브 구축 프레임워크' 활용

4. 디지털-현실 통합 접점 맵 만들기

   - 온라인과 오프라인 접점을 모두 포함한 유권자 여정 맵 작성하기

   - 각 접점별 메시지 전달 형식과 톤 정의하기

   - QR 코드, 해시태그 등을 활용한 온-오프라인 연결 지점 설계하기

   - **실행 도구**: 이 책의 부록 D 'WINER 접점 설계 캔버스' 활용

5. 주간 데이터 검토 루틴 수립하기

   - 매주 같은 요일, 같은 시간에 30분의 데이터 검토 세션 일정 잡기

- 핵심 메트릭의 변화 추세 분석하기
- 허영 지표가 아닌 행동 예측 지표에 집중하기
- 다음 주의 한 가지 최적화 행동 결정하기
- **실행 도구**: 이 책의 부록 E 'WINER 성과 추적 대시보드' 활용

이 다섯 가지 단계는 WINER 프레임워크를 실질적으로 적용하기 위한 출발점입니다. 완벽을 기다리지 마십시오. 다음 주 월요일, 첫 번째 단계부터 시작하세요.

‖ 디지털 평판 전쟁의 미래: 무엇이 다가오고 있는가 ‖

디지털 평판 전쟁은 계속해서 진화하고 있습니다. 우리가 준비해야 할 다음 전장은 어떤 모습일까요?

1. **마이크로 타깃팅에서 커뮤니티 구축으로**: 단순히 유권자를 타깃팅하는 것을 넘어, 공통의 가치와 관심사를 중심으로 지속적인 커뮤니티를 구축하는 방향으로 진화할 것입니다. 선거 캠페인은 짧은 스프린트가 아닌 장기적 관계 구축의 특별한 순간이 될 것입니다.

2. **콘텐츠 생산에서 집단 참여 설계로**: 후보자가 일방적으로 콘텐츠를 제작하고 배포하는 모델에서, 지지자들이 자발적으로 참여하고 공동 창작하는 생태계를 설계하는 방향으로 발전할

것입니다.

3. **플랫폼 중심에서 인식 경험 중심으로:** 특정 소셜미디어 플랫폼의 특성에 최적화하는 접근에서 벗어나, 플랫폼을 가로지르는 통합적 인식 경험을 설계하는 방향으로 진화할 것입니다.

4. **인공지능과 평판의 공존:** AI는 디지털 평판 관리의 강력한 도구가 되는 동시에, 진정성과 신뢰성에 대한 새로운 도전을 제기할 것입니다. AI를 활용하되 인간적 연결의 가치를 잃지 않는 균형이 중요해질 것입니다.

5. **단기적 승리에서 평판 자산 구축으로:** 단일 선거의 승리를 넘어, 장기적인 평판 자산을 구축하는 접근법이 더욱 중요해질 것입니다. 이는 정치인의 지속 가능한 영향력의 토대가 될 것입니다.

‖ 보이지 않던 전쟁에서 승리할 당신에게 ‖

15년간 수십 명의 정치인들과 함께 선거 현장에서 일하며, 저는 한 가지 진실을 발견했습니다. 진정으로 변화를 만들고자 하는 훌륭한 사람들이 단지 "보이지 않는 전쟁"의 규칙을 몰라 패배하는 경우가 너무나 많다는 것입니다.

여러분이 이 책을 읽고 있다는 것은, 여러분이 그저 권력을 위한 정치가 아닌, 진정한 변화를 만들기 위해 정치의 길을 선택했다는 증거입니다. 여러분은 이미 좋은 정책과 진정성을 갖추고 있을 것입니다. 이제 필요한 것은 그 가치가 올바르게 인식되고 공명할 수 있도록 하는 체계적인 접근법입니다.

WINER 프레임워크는 완벽한 공식이 아니라, 여러분의 고유한 강점과 비전이 디지털 시대에 올바르게 전달될 수 있도록 돕는 도구입니다. 이 도구를 자신의 맥락에 맞게 조정하고, 끊임없이 학습하며, 용기 있게 실행하십시오.

마지막으로, 한 가지 약속드리고 싶습니다. 이 책에 담긴 통찰과 방법론은 단순한 마케팅 기법이나 조작의 도구가 아닙니다. 이것은 진정성 있는 리더십이 디지털 시대에 올바르게 인식되고 평가받을 수 있도록 돕는 체계입니다. 여러분의 진정한 가치가 온전히 전달될 때, 유권자들은 더 나은 선택을 할 것이고, 우리 민주주의는 더욱 강해질 것입니다.

보이지 않던 전쟁에서 여러분의 승리를 진심으로 응원합니다. 그 승리는 단지 개인의 성공을 넘어, 우리 사회 전체의 발전으로 이어질 것입니다.

디지털 평판 전쟁의 새로운 리더들에게

커스텀플래닝 대표

한국선거전략연구소 소장

김주리 올림

착한 사람은 왜 낙선하는가?

당신이 보지 못한 전쟁

디지털 평판이 이기는 선거를 만든다

초판1쇄 : 2025년 4월 21일

—

지은이 : 김주리
펴낸이 : 김채민
펴낸곳 : 힘찬북스

—

주 소 : 서울특별시 마포구 모래내3길 11 상암미르웰한올림오피스텔 214호
전 화 : 02-2227-2554
팩 스 : 02-2227-2555
메 일 : hcbooks17@naver.com

—

—

ISBN 979-11-90227-57-5 03320 © 2025 by 김주리